LE THEATRE DE Mr QUINAULT,

CONTENANT

SES TRAGEDIES, COMEDIES, ET OPERA.

DERNIERE EDITION,

AUGMENTE'E DE SA VIE, d'une Differtation fur fes Ouvrages, & de l'origine de l'Opera.

Le tout enrichi de Figures en taille-douce.

TOME IV.

A PARIS,

Chez Pierre Ribou, feul Libraire de l'Académie Royale de Mufique, Quai des Auguftins, à la Defcente du Pont-Neuf, à l'Image Saint Loüis.

M. DCC. XV.

PIECES CONTENUES
dans ce quatriéme Volume.

LES FESTES DE L'AMOUR, ET DE BACCHUS, Pastorale.

CADMUS, Tragedie.

ALCESTE, Tragedie.

THESE'E, Tragedie.

ATYS, Tragedie.

ISIS, Tragedie.

LES FESTES DE L'AMOUR ET DE BACCHUS.

PASTORALE.

REPRESENTE'E PAR L'ACADEMIE ROYALE de Musique, au Jeu de Paulme de Bel-Air, en 1672.

AVANT-PROPOS.

IL ne suffit pas au ROY de porter si loin ses Armes, & ses Conquêtes, il ne peut souffrir qu'il y ait aucun avantage qui manque à la gloire & à la felicité de son Regne, & dans le même tems qu'il renverse les Etats de ses Ennemis, & qu'il étonne toute la Terre, il n'oublie rien de ce qui peut rendre la France le plus florissant Empire qui fut jamais. Le grand art de la guerre qu'il exerce avec une ardeur heroïque, & où il fait des progrez si surprenans, n'est point capable de remplir la vaste étenduë de son application infatigable : Il trouve encore des soins à reserver pour les plus beaux arts, & il n'y en a point qui soit digne de quelque estime qu'il ne favorise avec une particuliere bonté. C'est ce que cette Academie Roiale de Musique a le bonheur d'éprouver dans son établissement. Voici un essai qu'elle s'est hâtée de préparer pour l'offrir à l'impatience du Public. Elle a rassemblé ce qu'il y avoit de plus agreable dans les divertissemens de Chambord, de Versailles, & de Saint Germain ; & elle a cru devoir s'assurer que ce qui a pû divertir un MONARQUE infiniment éclairé, ne sçauroit manquer de plaire à tout le Monde. On a essaié de lier ces fragmens choisis, par plusieurs Scenes nouvelles, on y a joint des Entrées de Balet, on y a mêlé des machines volantes, & des Décorations superbes ; & de toutes ces parties differentes, on a formé une Pastorale en trois Actes, précedée d'un grand Prologue. Ce premier spectacle sera bien-tôt suivi d'un autre plus magnifique, dont la perfection a besoin encore d'un peu de tems ; cette Academie y travaille sans relâche, & elle est résoluë de ne rien épargner pour répondre le plus dignement qu'il lui sera possible à la Glorieuse Protection dont Elle est honorée.

ACTEURS
Qui chantent dans le Prologue.

Deux Hommes du bel air.
Deux Femmes du bel air.
Un Gentilhomme Gascon.
Le Baron d'Asbarat.
Un Suisse.
Un vieux Bourgeois babillard.
Une vieille Bourgeoise babillarde.
La Fille du Bourgeois & de la Bourgeoise.
TROUPES de gens de differentes Provinces & de toute sorte de conditions.
POLYMNIE.
MELPOMENE. } Muses.
EUTERPE.

PERSONNAGES
Dançans dans le Prologue.

Un donneur de Livres.
Quatre Importuns.
Quatre Heros.
Quatre Pastres.
Quatre Ouvriers.

ACTEURS
Qui chantent dans la Pastorale.

TIRCIS. — Berger, amoureux de Caliste.

LICASTE.
MENANDRE. } Bergers, amis de Tircis.

CALISTE. — Bergere, aimée de Tircis.

CLIMENE. — Bergere, aimée de Damon.

FORESTAN.
SILVANDRE. } Satires, amans de Caliste.

TROIS SORCIERES.

DAMON. — Berger, amoureux de Climene.

CLORIS.
SILVIE.
AMINTE. } Bergeres, Compagnes de Caliste & de Climene.

ARCAS. — Berger, qui vient inviter d'aller à la Fête de l'Amour.

TROUPE de Bergers & de Bergeres, qui chantent dans le Chœur de l'Amour.

TROUPE de Satires & de Bacchantes, qui chantent dans le Chœur de Bacchus.

TROUPE de Pasteurs, joüans des Instrumens dans le Chœur de l'Amour.

TROUPE de Silvains, joüans des Instrumens dans le Chœur de Bacchus.

PERSONNAGES
Dançans dans la Pastorale.

Quatre Faunes.

Quatre Driades.

Deux Magiciens.

Six Démons.

Quatre Bergers.

Quatre Bergeres.

Quatre Satires.

Quatre Bacchantes.

PERSONNAGES
Des Machines.

SEPT DEMONS *volans.*
DEUX SIRENES.
UNE SORCIERE *volante.*
UN LUTIN *volant.*

La Scene de la Pastorale est en Arcadie.

PROLOGUE.

LA Scene represente une grande Sale, où l'on void les plus superbes ornemens que l'Architecture & la Peinture puissent former. * Elle est disposée pour un Spectacle magnifique, & l'on y void dans l'enfoncement un grand Vestibule percé qui laisse paroître un superbe Palais au milieu d'un Jardin. On y découvre une multitude de gens de Provinces differentes qui sont placez dans des Balcons aux deux côtez du Theatre. Un Homme qui doit donner des Livres aux Acteurs commence à dancer dés que la Toile a levée, toute la multitude qui est dans les Balcons s'écrie en musique pour lui demander des Livres ; mais il est détourné n donner par quatre Importuns qui le suivent, & qui l'environnent.

* Le Theatre est une grande Sale de Spectacles.

Tous ensemble.

A Moi, Monsieur, à moi de grace, à moi, Monsieur,
Un Livre, s'il vous plaît, à votre serviteur.

Homme du bel air.

Monsieur, distinguez nous parmi les gens qui crient,
Quelques Livres ici, les Dames vous en prient.

Autre homme du bel air.

Hola, Monsieur, Monsieur, aiez la charité,
    D'en jetter de notre côté.

Femme du bel air.

Mon Dieu! qu'aux personnes bien faites,
On fait peu rendre honneur ceans?

Autre femme du bel air.

Ils n'ont des Livres & des bancs,
Que pour Mesdames les Grisettes.

Gascon.

Aho! l'homme aux libres, qu'on m'en baille,
J'ai déja le poumon usé,
Bous boyez que chacun mé raille,
Et jé suis escandalisé
De boir és mains de la canaille
Ce qui m'est par bous refusé.

Autre Gascon.

Eh cadedis, Monseu, boyez qui l'on peut être,
Un Libret, je bous prie, au Baron Dasbarat;
    Jé pense, mordi, que le fat,
    N'a pas l'honneur dé mé connoître.

Le Suisse.

Mon'-sieur le Donneur de papieir,
Que veul dir st y façon de fifre ?
Moi l'écorchair tout mon gozieir
    A crieir,
Sans que je pouvre afoir ein lifre,
Pardi, mon foi, Mon'-sieur, je pense fous l'être
    ifre.

Le Donneur de Livres fatigué par les quatre Importuns, se retire en colere.

Vieux Bourgeois babillard.

De tout ceci franc & net,
Je suis mal satisfait,
Et cela sans doute est laid
    Que notre fille
Si bien faite & si gentille
De tant d'amoureux l'Objet,
N'ait pas à son souhait
Un Livre de Balet
Pour lire le sujet
Du divertissement qu'on fait,
Et que toute notre famille
Si proprement s'habille,
Pour être placée au sommet
De la Sale, où l'on met
Les gens de l'entriguet,
De tout ceci franc & net
Je suis mal satisfait,
Et cela sans doute est laid.

Vieille Bourgeoise babillarde.

Il est vrai que c'est une honte,
Le sang au visage me monte,

Et ce Jetteur de Vers qui manque au capital
L'entend fort mal,
C'est un brutal
Un vrai cheval,
Franc animal
De faire si peu de conte
D'une Fille qui fait l'ornement principal
Du quartier du Palais Roial,
Et que ces jours passez un Comte
Fut prendre la premiere au Bal,
Il l'entend mal,
C'est un brutal,
Un vrai cheval
Franc animal.

Hommes & Femmes du bel air.

Ah, quel bruit !
Quel fracas !
Quel cahos !
Quel mélange !
Quelle confusion !
Quelle cohue étrange !
Quel desordre !
Quel embaras !
On y seche,
L'on n'y tient pas.

Gascon.

Bentre, jé suis à vout.

Autre Gascon.

J'enrage, Dieu me damne,

Le Suisse.

Ah que ly faire saif dans sty sal de cians.

& de Bacchus.

Gascon.

Jé murs.

Autre Gascon.

Jé pers la tramontane.

Le Suisse.

Mon foi, moi le foudrois être hors de dedans.

Vieux Bourgeois babillard.

Allons, ma mie,
Suivez mes pas,
Je vous en prie,
Et ne me quittez pas;
On fait de nous trop peu de cas,
Et je suis las
De ce tracas;
Tout ce fatras,
Cet embaras,
Me pese par trop sur les bras;
S'il me prend jamais envie
De retourner de ma vie
A Ballet ni Comedie,
Je veux bien qu'on m'estropie.
   Allons, ma mie,
Suivez mes pas,
Je vous en prie,
Et ne me quittez pas,
On fait de nous trop peu de cas.

Vieille Bourgeoise babillarde.

Allons, mon mignon, mon fils,
Regagnons notre logis,

Et sortons de ce taudis,
Où l'on ne peut être assis;
Ils seront bien ébobis,
Quand ils nous verront partis:
Trop de confusion regne dans cette sale,
Et j'aimerois mieux être au milieu de la Hâle:
Si jamais je reviens à semblable régale,
Je veux bien recevoir des soufflets plus de six.
  Allons, mon mignon, mon fils,
  Regagnons notre logis,
  Et sortons de ce taudis,
  Où l'on ne peut être assis.

Le Donneur de Livres revient avec les quatre Importuns qui l'ont suivi, ce qui oblige encore ceux qui sont placez dans les Balcons de s'écrier.

Tous ensemble.

A moi, Monsieur, à moi de grace, à moi, Monsieur,
Un Livre, s'il vous plaît, à votre serviteur.

Les quatre Importuns aiant pris des Livres des mains de celui qui les donne, les distribuënt aux Acteurs qui en demandent; cependant le Donneur de Livres dance, & les quatre Importuns se joignent avec lui, & forment ensemble la premiere Entrée.

PREMIERE ENTRE'E.

Le Donneur de Livres, Quatre Importuns.

La Muse Polymnie qui préside aux arts dépendants de la Geometrie, & qui a trouvé l'invention d'introduire sur le Theatre des Personnages qui expriment par les actions & par les dances ce que les autres expliquent par les paroles *, s'avance environné d'un nuage qui paroît d'abord fermé, & qui s'ouvrant peu à peu découvre la Muse au milieu de plusieurs ornemens de peinture & d'architecture. Elle excite ceux qui ont commencé de chanter d'une maniere comique à rechercher avec soin tout ce que l'on peut trouver de plus noble & de plus délicat dans le Chant.

* Machine de Polymnie.

POLYMNIE.

Elevez vos concerts,
Au-dessus du chant ordinaire;
Songez que vous avez à plaire,
Au plus grand ROI de l'Univers.

Les Fêtes de l'Amour,

Le grand Titre de ROI n'est que sa moindre gloire,
Il est encor plus grand par ses Travaux Guerriers;
Et sa propre valeur a cueilli les Lauriers
Dont il est couronné des mains de la Victoire.

Suivés la noble ardeur
Qu'il vous inspire;
Tout ce qu'on void dans son Empire,
Se doit sentir de sa grandeur.

Melpomene qui preside à la Tragedie, & Euterpe qui a inventé l'Armonie pastorale s'avancent sur deux nuages. ¶ Melpomene paroît au milieu de plusieurs trophées d'armes; & Euterpe environnée de festons & de couronnes de fleurs. Elles sont precedées de deux Symphonies opposées, dont l'une est tres-forte, & l'autre extrêmement douce, & qui forment une espece de combat, tandis que les deux Muses viennent se placer aux deux côtés de Polymnie pour la prier d'embellir les divertissemens qu'elles veulent préparer.

MELPOMENE.

Joignez à mes chants magnifiques
La pompe de vos ornemens;

EUTERPE.

Joignez à mes concerts rustiques

¶ *Machines de Melpomene & d'Euterpe.*

Vos agrémens
Les plus charmans.

MELPOMENE.

Votre secours m'est necessaire,
Je cherche à divertir le plus Auguste Roi,
Qui meritât jamais de tenir sous sa Loi
Tout ce que le Soleil éclaire.

Les deux Muses ensemble.

C'est à moi, C'est à moi,
De prétendre à lui plaire.

MELPOMENE.

C'est moi dont la voix éclatante
A droit de celebrer les Exploits les plus grands;
Les nobles recits que je chante
Sont les plus dignes jeux des fameux Conquerans.

EUTERPE.

C'est un doux amusement
Que d'aimables chansonnettes;
Les douceurs n'en sont pas faites
Pour les Bergers seulement.
Les tendres amourettes
Que l'on chante à l'ombre des Bois
Sur les Musettes
Ne sont pas quelquefois
Des jeux indignes des grands Rois.

POLYMNIE.

Il faut entre mes sœurs que mon soin se partage,
Préparez tour à tour vos plus aimables jeux:
Pour vous accorder je m'engage
A vous seconder toutes deux.

EUTERPE.

Commencez de répondre à mon impatience.

MELPOMENE.

Vos premiers soins sont dûs à ce que j'entreprens.

POLYMNIE.

Terminez tous vos differents. *
Souffrez qu'en sa faveur aujourd'hui je commence,
Je reserve pour vous mes travaux les plus grands.

Les trois Muses ensemble.

Que notre accord est doux !
Que tout ce qui nous suit s'accorde comme nous.

* *Polymnie dit ces deux vers à Melpomene.*

DEs Heros, des Pastres, & des Ouvriers des arts qui servent aux spectacles, obéissent aux ordres des Muses. Les Heros font une maniere de combat avec leurs armes, les Pastres joüent avec leurs bâtons, les Ouvriers travaillent aux décorations de la Pastorale que l'on prépare, & accorde le bruit de leurs marteaux, scies & rabots, avec l'armonie des violons & des hautbois, & tous ensemble forment la seconde Entrée.

SECONDE ENTRE'E.

Quatre Heros, Quatre Pastres, & quatre Ouvriers.

Toute la Troupe qui avoit commencé de chanter d'une maniere comique avant l'arrivée des trois Muses, se sentant animée par leur presence, répond à leurs chants par des Chœurs.

Les trois Muses ensemble.

Joignons nos soins & nos voix,
Pour plaire au plus grand des Rois.

Les Chœurs répétent.

Joignons nos soins & nos voix,
Pour plaire au plus grand des Rois.

MELPOMENE.
Chantons la gloire de ses armes.

Un Chœur répéte le même vers.

EUTERPE.
Chantons la douceur de ses Loix.

Un Chœur répéte le même vers.

Les Fêtes de l'Amour,

POLYMNIE.

Faisons tout retentir du bruit de ses Exploits.

Tous les Chœurs répondent.

MELPOMENE.

Formons des concers pleins de charmes.

EUTERPE.

Faisons entendre nos Hautbois.

Les Hautbois & les Musettes répondent, & cependant les Heros & les Pastres rentrent sur le Theatre avec les Ouvriers qui apportent des ornemens qu'ils ont faits pour servir à la Piece qui va commencer, & autour desquels les Heros & les Pastres dansent, tandis que les Muses & tous les Chœurs coutinuent leurs chants. Ce qui forme un jeu concerté des Muses qui chantent dans leurs Machines au milieu des nuages, de la troupe qui leur répond, placée dans des Balcons, & des Heros, Pastres, & Ouvriers, qui dansent sur le theatre.

Tous ensemble.

Faisons tout retentir du bruit de ses Exploits.

POLYMNIE.

Préparons des Fêtes nouvelles.

MELPOMENE.

Que nos Chansons soient immortelles,

& de l'Amour.

EUTERPE.

Que nos airs soient doux & touchants.

Tous ensemble.

Mêlons aux plus aimables chants
  Les dances les plus belles.
Joignons nos soins & nos voix.
Pour plaire au plus grand des Rois.

Fin du Prologue.

ACTE I.

LE Theatre * change & represente une épaisse forêt, où des chûtes d'eaux coulent entre les arbres: on void dans l'enfoncement deux montagnes séparées par une belle valée où une riviere tombe par diverses cascades qui produisent plusieurs effets agreables & differents.

* Le Theatre est une forêt.

SCENE PREMIERE.

TIRCIS.

Vous chantez sous ces feüillages,
Doux Rossignols pleins d'amour,
Et de vos tendres ramages
Vous réveillez tour à tour,
Les échos de ces bocages:
Helas! petits oiseaux, helas!
Si vous aviez mes maux vous ne chanteriez pas.

SCENE II.

LICASTE, MENANDRE, TIRCIS.

LICASTE.

Hé quoi, toujours languissant, sombre, & triste ?

MENANDRE.

Hé quoi, toujours aux pleurs abandonné ?

TIRCIS.

Toujours adorant Caliste,
Et toujours infortuné.

LICASTE.

Domte, domte, Berger, l'ennui qui te possede.

TIRCIS.

Et le moien, helas !

MENANDRE.

Fai, fais-toi quelque effort.

TIRCIS.

Eh le moien, helas ! quand le mal est si fort ?

LICASTE.

Ce mal trouvera son remede.

Les Fêtes de l'Amour.

TIRCIS.

Je ne guerirai qu'à ma mort.

Licaste, & Menandre ensemble.

Ah, Tircis!

TIRCIS.

Ah, Bergers!

LICASTE, & MENANDRE.

Prens sur toi plus d'empire.

TIRCIS.

Rien ne me peut plus secourir.

LICASTE, & MENANDRE.

C'est trop, c'est trop ceder.

TIRCIS.

C'est trop, c'est trop souffrir.

LICASTE, & MENANDRE.

Quelle foiblesse!

TIRCIS.

Quel martyre!

LICASTE, & MENANDRE.

Il faut prendre courage.

TIRCIS.

Il faut plutôt mourir.

LICASTE.

Il n'est point de Bergere
Si froide, & si severe,
Dont la pressante ardeur
D'un cœur qui persevere
Ne vainque la froideur.
Il est dans les affaires
Des amoureux mysteres,
Certains petits momens

Qui

Qui changent les plus fieres,
Et font d'heureux Amans.

TIRCIS.

Je la voi, la cruelle,
Qui porte ici ses pas,
Gardons d'être vu d'elle,
L'Ingrate, helas !
N'y viendroit pas.

SCENE III.

CLIMENE, CALISTE.

CLIMENE.

Vien dans notre Village :
Voici le jour
Qu'on y doit celebrer la Fête de l'Amour.
Que cherche-tu dans ce boccage ?

CALISTE.

Je cherche le repos, le silence, & l'ombrage.

CLIMENE.

Tu devrois bien plutôt songer
A t'engager.
Eh que peut faire
Une Bergere
Sans un Berger ?

CALISTE.

Ton malheur doit me rendre sage :
Tu n'as choisi qu'un Inconstant.

CLIMENE.

Si mon Berger devient volage,
Il m'est permis d'en faire autant.

ON goûte la douceur d'une amour éternelle,
Quand on fait l'heureux choix d'un fidele Berger,
Et quand on aime un Infidelle,
L'on a le plaisir de changer.

Quoi, l'amour de Tircis ne t'a point attendrie ?
Lors qu'on en veut parler tu n'écoutes jamais ?
Ne rêve plus, ou je m'en vais.

CALISTE.

Laisse-moi dans ma rêverie.
Ah ! que sous ce feuillage épais
Il est doux de rêver en paix !

CLIMENE.

Je n'entre point dans un mystere
Que tu veux reserver ;
Mais un cœur sans affaire
Ne donne point tant à rêver.

SCENE IV.
CALISTE.

AH ! que sur notre cœur
La severe Loi de l'honneur
Prend un cruel empire !
Je ne fais voir que rigueurs pour Tircis,
Et cependant sensible à ses cuisans soucis,
De sa langueur en secret je soupire,
Et voudrois bien soulager son martire ;
C'est à vous seuls que je le dis,
Arbres, n'allez pas le redire.

& de Bacchus.

Puis que le Ciel a voulu nous former
Avec un cœur qu'Amour peut enflamer,
Quelle rigueur impitoyable
Contre des traits si doux nous force à nous armer?
Et pourquoi sans être blâmable
Ne peut-on pas aimer
Ce que l'on trouve aimable?
Helas! petits oiseaux que vous êtes heureux
De ne sentir nulle contrainte,
Et de pouvoir suivre sans crainte
Les doux emportements de vos cœurs amoureux!
Mais le sommeil sur ma paupiere

Verse de ses pavots l'agreable fraîcheur,
Donnons-nous à lui toute entiere,
Nous n'avons point de loi severe
Qui défende à nos sens d'en goûter la douceur.

La Bergere Caliste s'endort sur un gazon.

SCENE V.

TIRCIS, LICASTE, MENANDRE, CALISTE.

TIRCIS.

Vers ma belle Ennemie
Portons sans bruit nos pas,
Et ne réveillons pas
Sa rigueur endormie.

Tous trois.

Dormés, dormés beaux yeux adorables vainqueurs,
Et goûtés le repos que vous ôtés aux cœurs.

TIRCIS.

Silence petits oiseaux,
Vents n'agités nulle chose;
Coulés doucement ruisseaux,
C'est Caliste qui repose.

Tous trois.

Dormés, dormés beaux yeux, &c.

CALISTE s'éveillant.

Ah! quelle peine extrême!
Suivre par tout mes pas?

TIRCIS.

Que voulés-vous qu'on suive, helas!
Qu'est-ce qu'on aime?

CALISTE.

Berger, que voulés-vous?

TIRCIS.

Mourir belle Bergere,
Mourir à vos genoux,
Et finir ma misere,
Puis qu'en vain à vos pieds on me void soupirer,
Il y faut expirer.

CALISTE.

Ah! Tircis, ôtés-vous, j'ai peur que dans ce jour
La pitié dans mon cœur n'introduise l'amour.

LICASTE, & MENANDRE.

Soit amour, soit pitié,
Il sied bien d'être tendre;
C'est par trop vous défendre;
Bergere, il faut se rendre
A sa longue amitié,
Soit amour, soit pitié,
Il sied bien d'être tendre.

CALISTE.

C'est trop, c'est trop de rigueur
J'ai maltraité votre ardeur
Cherissant votre personne,
Vangés-vous de mon cœur
Tircis, je vous le donne.

TIRCIS.

O Ciel! Bergers! Caliste! ah je suis hors de moi?
Si l'on meurt de plaisir je dois perdre la vie.

LICASTE.

Digne prix de ta foi!

MENANDRE.

O! fort digne d'envie!

SCENE VI.

FORESTAN, SILVANDRE, CALISTE,
TIRCIS, LICASTE, MENANDRE.

FORESTAN.

Quoi tu me fuis, Ingrate, & je te vois ici
De ce Berger à moi faire une préference ?

SILVANDRE.

Quoi, mes soins n'ont rien pu sur ton indifference,
Et pour ce Langoureux ton cœur s'est adouci ?

CALISTE.

Le destin le veut ainsi,
Prenez tous deux patience.

FORESTAN.

Aux Amans qu'on pousse à bout
L'Amour fait verser des larmes ;
Mais ce n'est pas notre goût,
Et la bouteille a des charmes
Qui nous consolent de tout.

SILVANDRE.

Notre amour n'a pas toujours
Tout le bonheur qu'il desire :
Mais nous avons un secours,
Et le bon vin nous fait rire
Quand on rit de nos amours.

TOUS.

Champêtres Divinitez,
Faunes, Driades, sortez
De vos paisibles retraites ;
Mêlez vos pas à nos sons,
Et tracés sur les herbettes
L'image de nos chansons.

Quatre Faunes sortent avec de petits tambours, & quatre Driades avec des festons de fleurs. Ils forment ensemble une Entrée qui finit le premier Acte.

TROISIE'ME ENTRE'E.

Quatre Faunes, quatre Driades.

Fin du premier Acte.

ACTE II.

LE theatre ¶ change & represente un vieux Château qui étoit autrefois la demeure des Seigneurs du prochain Village, & qui tombe entierement en ruines. On y voit en plusieurs endroits des arbres & des ronces, & dans l'enfoncement au travers d'une arcade à demi rompuë, on découvre les vestiges de trois grandes allées de Cyprés à perte de vuë.

SCENE PREMIERE.
FORESTAN.

Je ne puis souffrir l'outrage
Que Caliste fait à ma foi :
Dans le fonds de mon cœur j'enrage
Qu'elle aime un autre que moi.

Deux Enchanteurs m'ont fait entendre
Qu'ils ont le secret de me rendre
Tel qu'il faut être pour charmer :
Caliste aura beau s'en défendre,
Je la contraindrai de m'aimer.

¶ Le Theatre est un vieux Château en ruines.

SCENE II.

FORESTAN, DEUX MAGICIENS, TROIS SORCIERES, SIX DEMONS QUI DANCENT, ET SEPT AUTRES DEMONS VOLANTS.

C'Est dans cette Scene que des Lutins déguisez, font une Ceremonie magique pour feindre d'embellir Forestan, & pour se mocquer de lui. Deux Magiciens paroissent chacun une baguette à la main, ils frappent la terre en dançant, & en font sortir six Demons qui se joignent avec eux. Trois sorcieres sortent aussi de dessous terre, & faisant asseoir Forestan au milieu d'elles, mêlent leurs chants aux dances des Magiciens & des Demons, pour former une maniere d'enchantement.

QUATRIE'ME ENTRE'E.

DEUX MAGICIENS, SIX DEMONS.

Les trois Sorcieres ensemble.

Deesse des appas
Ne nous refuse pas
La grace qu'implorent nos bouches :
Nous t'en prions par tes rubans,
Par tes boucles de Diamans,
Ton rouge, ta poudre, tes mouches,
Ton masque, ta coeffe, & tes gans.

Une Sorciere seule.

O toi ? qui peux rendre agreables
Les visages les plus mal-faits,
Répans, Venus, de tes attraits
Deux ou trois dozes charitables
Sur ce muzeau tondu tout frais.

Les trois Sorcieres ensemble.

Déesse des appas, &c.

Les Demons habillent Forestan d'une maniere bizare & ridicule, & tandis que les Magiciens & Demons dancent, les trois Sorcieres chantent.

Ah qu'il est beau
Le Jouvenceau,
Ah qu'il est beau.
Qu'il va faire mourir de belles :
Auprés de lui les plus cruelles
Ne pourront tenir dans leur peau.
Ah qu'il est beau
Le Jouvenceau,
Ah qu'il est beau !
Ho, ho, ho, ho, ho, ho,

Qu'il est joli !
Gentil, poli !
Qu'il est joli !
Est-il des yeux qu'il ne ravisse ?
Il passe en beauté feu Narcisse
Qui fut un Blondin accompli.
Qu'il est joli !
Gentil, poli !
Qu'il est joli !
Hi, hi, hi, hi, hi, hi.

LEs trois Sorcieres qui chantent s'enfoncent dans la Terre, les deux Magiciens & les six Demons qui dancent disparoissent, & dans le même temps quatre Demons qui partent de quatre côtez differens, croisent dans l'air, & trois autres petits Demons qui sortent de terre, & qui tous trois ensemble s'élevent en rond, aprés avoir fait trois tours en volant, se vont perdre dans les nuages au milieu du Theatre.

SCENE III.

FORESTAN.

Qu'un beau visage
A d'avantage !
Tout lui rit, tout lui fait la cour.
Que l'on verra dans ce Boccage
De Bergeres mourir d'amour,
Et de Bergers crever de rage !

SCENE IV.

SILVANDRE, FORESTAN.

SILVANDRE.

Forestan ? est-tu là ?

FORESTAN.

Beau comme je dois être
Il va me voir sans me connoître.

SILVANDRE.

O ! Forestan ? ah ! te voila,
Pourquoi t'amuser de la sorte ?

FORESTAN.

Qu'importe, qu'importe.

SILVANDRE.

Hé quoi ! ne veux-tu pas aller
Où nous devons nous assembler ?
Ton impatience est peu forte.

FORESTAN.

Qu'importe, qu'importe.

SILVANDRE.

Veux-tu souffrir en ce jour
Que le foible Dieu d'amour
Sur le Dieu du vin l'emporte ?

FORESTAN.

Qu'importe, qu'importe.

SILVANDRE.

Allons ; c'est trop railler.

FORESTAN.

A qui crois-tu parler ?

SILVANDRE.

Quel badinage !
Tu n'es pas sage ;
La Fête de Bacchus commencera bientôt.
Allons, sans tarder davantage,
Allons-y boire comme il faut.

Forestan affecte de faire l'agreable, & quitte son ton naturel de basse pour chanter en fausset.

FORESTAN.

Il est bien doux de boire;
On peut en faire gloire,
Quand on n'a pas dequoi charmer;
Bacchus sait consoler un Amant misérable;
Mais quand on est aimable,
Il n'est rien si doux que d'aimer.

SILVANDRE.

Que veux-tu dire?
D'où vient ce caprice nouveau?

FORESTAN.

Regarde, considere, admire.
Ah qu'il est beau!
Ho, ho, ho, ho, ho, ho.
Ah qu'il est beau.

SILVANDRE.

Di-moi donc je te prie
De quelle folle rêverie
Ton cerveau s'est rempli?

FORESTAN.

Qu'il est joli!
Hi, hi, hi, hi, hi, hi.

SILVANDRE.

Consulte la Fontaine
La plus prochaine.
Mire-toi dans son eau.

Forestan s'approche d'une Fontaine qui paroît au milieu du Theatre, & dans le moment qu'il se baisse pour se regarder dans

& de Bacchus.

l'eau, il en sort deux Sirenes qui lui presentent un grand miroir. Forestan s'y void aussi laid qu'il étoit avant la ceremonie magique, & dans la rage qu'il a de la tromperie qu'on lui a faite, il veut frapper de sa massuë les deux Sirenes qui se mocquent de lui, mais elles évitent ses coups, en se plongeant & se perdant dans la fontaine, qui disparoît en un moment.

SILVANDRE.

Ah qu'il est beau ! ho, ho, ho, &c.

FORESTAN

Je suis digne de raillerie;
On m'a fait une fourberie,
Mais si je la mets en oubli....
Non, non, les Imposteurs n'auront pas lieu de rire.

Deux Sorcieres affreuses paroissent aux deux côtez du theatre, & presentent chacune un miroir à Forestan.

SILVANDRE.
Regarde, considere, admire.

FORESTAN
Ah ! je vais vous payer de m'avoir embelli.

Forestan s'avance vers une des Sorcieres, & la veut frapper de sa massuë, mais la Sorciere évite le coup en s'envolant, le Satire ne frappe que l'air, & sa massuë lui échappe des mains. Il court vers l'autre sorciere, il l'attrape, mais dans le moment qu'il se

Les Fêtes de l'Amour,
jette sur elle, & qu'il la tient, il ne lui demeure entre les mains qu'une figure de Sorciere qui lui fait la grimace, & lui presente un miroir, tandis qu'un petit Lutin qui étoit enfermé dedans s'envole en se mocquant du Satire.

SILVANDRE.

Qu'il est joli! Hi, hi, hi, &c.

FORESTAN.

C'est un tour des Lutins errans dans ce bocage,
Dont il faut que je sois vengé.

SILVANDRE riant.

Hé, hé, hé, hé, hé, hé.

FORESTAN.

Tu ris quand je suis outragé?

SILVANDRE riant.

Hé, hé, hé, hé, hé, hé.

FORESTAN.

Ne m'insulte point davantage;
Va rire ailleurs;
Je suis dans une rage
Qui pourroit bien tourner sur les méchans railleurs.

SILVANDRE.

Ami, me veux-tu croire,
Ne songeons plus qu'à boire;
Fuions l'amour, & le chagrin,
Suivons Bacchus, courons au vin,

FORESTAN.

Au vin, au vin, au vin, au vin.

Ensemble.

Fuions l'amour, & le chagrin,
Suivons Bacchus, courons au vin.
Au vin, au vin, au vin, au vin.

SCENE V.

DAMON, SILVANDRE, FORESTAN.

DAMON.

Ma Bergere a changé, je veux changer comme elle.

SILVANDRE.

Sui les loix de Bacchus, tu t'en trouveras bien.

DAMON.

Heureux qui peut aimer une beauté fidele !

FORESTAN.

Plus heureux qui peut n'aimer rien.

SILVANDRE.

Viens avec nous goûter la vie ;

Quitte une volage beauté
　　Comme elle t'a quitté :
Profite de sa perfidie,
Viens jouir de la liberté.

DAMON.

C'est pour servir Cloris que je quitte Climene,
Et mon cœur sans aimer ne sauroit vivre un jour ;
Qui s'engage une fois peut bien changer de chaîne,
Mais il est mal-aisé d'échapper à l'Amour.

SILVANDRE.

Sous l'amoureux Empire
On n'est point sans tourment ;
Je te plains pauvre Amant,
Langui, gemi, soupire ;
　　Nous allons rire.

SILVANDRE & FORESTAN.

Fuions l'Amour, & le chagrin, &c.

SCENE VI.
DAMON, CLIMENE.

DAMON.

Ma volage s'avance.

CLIMENE.

Voici mon infidele Amant.

DAMON, & CLIMENE.

Vengeons-nous de son inconstance.
O ! la douce vengeance
Qu'un heureux changement !

DAMON.

Quand je plaisois à tes yeux
J'étois content de ma vie,
Et ne voiois Rois ni Dieux
Dont le sort me fit envie.

CLIMENE.

Lors qu'à toute autre personne
Me preferoit ton ardeur,
J'aurois quitté la Couronne
Pour regner dessus ton cœur.

DAMON.

Une autre a gueri mon ame,
Des feux que j'avois pour toi.

CLIMENE.

Une autre a vengé ma flame
Des foiblesses de ta foi.

DAMON.

Cloris qu'on vante si fort
M'aime d'une ardeur fidele,
Si ses yeux vouloient ma mort
Je mourrois content pour elle.

CLIMENE.

Mirtil si digne d'envie,
Me cherit plus que le jour,
Et moi je perdrois la vie
Pour lui montrer mon amour.

DAMON.

Mais si d'une douce ardeur
Quelque renaissante trace
Chassoit Cloris de mon cœur
Pour te remettre en sa place?

CLIMENE.

Bien qu'avec pleine tendresse
Mirtil me puisse cherir,
Avec toi, je le confesse,
Je voudrois vivre & mourir.

DAMON, & CLIMENE.

Ah plus que jamais aimons-nous,
Et vivons & mourons en des lieux si doux.

SCENE VII.

TROUPE DE BERGERS ET DE BERGERES,

DAMON, CLIMENE.

Une troupe de bergers & de bergeres qui voient Damon & Climene raccommodez en témoignent leur joie.

Troupe de Bergers & de Bergeres.

Amans que vos querelles
Sont aimables & belles ;
Qu'on y void succeder
De plaisirs, de tendresse !
Querellez-vous sans cesse
Pour vous raccommoder.

SCENE VIII.

ARCAS, DAMON, CLIMENE, TROUPE DE BERGERS ET DE BERGERES.

ARCAS.

Venez, que rien ne vous arrête,
Ne perdez point d'heureux momens ;
Venez, venez tous voir la Fête
Que l'on apprête
A l'honneur du Dieu des Amans ;
Les plaisirs où l'Amour convie
Sont les plus charmants de la vie,
Il en faut jouir tant qu'on peut,
On ne les a pas quand on veut.

Tous ensemble.

Les plaisirs où l'Amour convie, &c.

Les Bergers & les Bergeres vont ensemble au lieu préparé pour la Fête de l'Amour.

Fin du second Acte.

ACTE III.

LE theatre se change, & represente une grande allée d'arbres d'une extrême hauteur, lesquels mêlent leurs branches les unes avec les autres, & forment une maniere de voûte de verdure, où plusieurs Pasteurs joüants de differens instrumens se trouvent placez; un grand nombre de Bergers & de Bergeres paroissent sous cette voûte qui commencent la fête de l'Amour, par des chansons où les dances se mêlent de tems en tems.

* Le theatre est une allée d'arbres, qui forment une voûte de verdure.

SCENE PREMIERE.
TROUPES DE PASTEURS, DE BERGERS ET DE BERGERES.

CALISTE.

Ici l'ombre des ormeaux
 Donne un teint frais aux herbettes,
Et les bords de ces ruisseaux,

Brillent de mille fleurettes,
Qui se mirent dans les eaux.
Prenez, Bergers, vos Musettes,
Ajustez vos chalumeaux,
Et mêlons nos chansonnettes
Aux chants des petits oiseaux.

CINQUIE'ME ENTRE'E.

QUATRE BERGERS, QUATRE BERGERES.

CLIMENE.

LE Zéphire entre ces eaux
Fait mille courses secrettes,
Et les Rossignols nouveaux
De leurs douces amourettes
Parlent aux tendres rameaux.
Prenez, Bergers, vos musettes, &c.

Les Bergers & Bergeres continuent de mê-
ler les dances aux chansons.

CLORIS.

Ah! qu'il est doux, belle Silvie,
Ah! qu'il est doux de s'enflamer!
Il faut retrancher de la vie,
Ce qu'on en passe sans aimer.
Ah! qu'il est doux, &c.

SILVIE

SILVIE.

Ah! les beaux jours qu'amour nous donne
Lors que sa flame unit les cœurs!
Est-il ni gloire ni Couronne
Qui vaille ses moindres douceurs?
Ah! les beaux jours, &c.

ARCAS.

Qu'avec peu de raison on se plaint d'un martyre,
Que suivent de si doux plaisirs!

TIRCIS & ARCAS.

Un moment de bonheur dans l'amoureux empire,
Repare dix ans de soûpirs.

Tous ensemble.

Chantons tous de l'amour le pouvoir adorable,
Chantons tous dans ces lieux,
Ses attraits glorieux;
Il est le plus aimable,
Et le plus grand des Dieux.

La Perspective* s'ouvre, & laisse paroître dans le fond du theatre une autre maniere de voûte de treille, sous laquelle une multitude de suivans de Bacchus sont placez, les uns sur des tonneaux, & les autres sur une espece d'amphitheatre, couvert de pampres de vigne, qui tous joüent de differens instrumens, tandis que plusieurs autres Sati-

---

* *La perspective s'ouvre, & laisse voir un amphitheatre de verdure.*

Les Fêtes de l'Amour,
res, & Silvains s'avancent au milieu du theatre pour interrompre la feste de l'amour, & pour en celebrer une plus solemnelle à la gloire de Bacchus.

SCENE II.

TROUPES DE SATIRES, DE BAC-CHANTES ET DE SILVAINS, jouants de differents instrumens, chantans, & dançans. TROUPES DE BERGERS ET DE BERGERES.

SILVANDRE.

Arrêtez, c'est trop entreprendre,
Un autre Dieu dont nous suivons les loix,
S'oppose à cet honneur qu'à l'amour ose rendre,
  Vos musettes & vos voix;
A des titres si beaux Bacchus seul peut prétendre,
Et nous sommes ici pour défendre ses droits.

Chœur de Bacchus.

Nous suivons de Bacchus le pouvoir adorable
 Nous suivons en tous lieux,
 Ses attraits précieux;
 Il est le plus aimable,
 Et le plus grand des Dieux.

Les suivans de Bacchus qui dancent font un combat contre les danceurs du parti de l'amour, tandis que les Bergers & les Sati-

& de Bacchus.

res disputent en chantant en faveur du Dieu que chacun veut honorer.

SIXIE'ME ENTRE'E.

QUATRE SATIRES, QUATRE BACCHANTES.

AMINTE.

C'Est le Printems qui rend l'ame
    A nos champs semez de fleurs;
Et c'est l'amour & sa flame
Qui font revivre nos cœurs.

FORESTAN.

Le Soleil chasse les ombres,
Dont le Ciel est obscurci,
Et des ames les plus sombres,
Bacchus chasse le souci.

Chœur de Bacchus.

Bacchus est reveré sur la terre & sur l'Onde.

Chœur de l'amour.

Et l'amour est un Dieu qu'on revere en tous lieux.

Chœur de Bacchus.

Bacchus à son pouvoir a soûmis tout le monde.

Les Fêtes de l'Amour,

Chœur de l'amour.

Et l'amour a dompté les hommes & les Dieux.

Chœur de Bacchus.

Rien peut-il égaler sa douceur sans seconde ?

Chœur de l'amour.

Rien peut-il égaler ses charmes précieux ?

Chœur de Bacchus.

Fi de l'amour & de ses feux.

Le parti de l'amour.

Ah ! quel plaisir d'aimer !

Le parti de Bacchus.

Ah ! quel plaisir de boire !

Le parti de l'amour.

A qui vit sans amour la vie est sans appas.

Le parti de Bacchus.

C'est mourir que de vivre & de ne boire pas.

Le parti de l'amour.

Aimables fers !

Le parti de Bacchus.

Douce victoire !

Le parti de l'amour.

Ah ! quel plaisir d'aimer !

Le parti de Bacchus.

Ah ! quel plaisir de boire !

Les deux partis ensemble.

Non, non, c'est un abus,
Le plus grand Dieu de tous.

Le parti de l'amour.

C'est l'Amour.

Le parti de Bacchus.

C'est Bacchus.

SCENE DERNIERE.

LE *Berger Licaste vient se jetter entre les deux partis qui disputent, & les met d'accord.*

LICASTE.

C'est trop, c'est trop, Bergers, hé pourquoi ces débats ?
Souffrons qu'en un Parti la raison nous assemble :
L'amour a des douceurs, Bacchus a des appas,
Ce sont deux Deïtez qui sont fort bien ensemble,
 Ne les séparons pas.

Les deux Chœurs ensemble.

Mêlons donc leurs douceurs aimables,
Mêlons nos voix dans ces lieux agréables,
Et faisons repeter aux Echos d'alentour,
Qu'il n'est rien de plus doux que Bacchus & l'Amour.

Tandis que les voix & les instrumens des deux chœurs s'unissent, tous les danceurs des deux partis forment ensemble la derniere entrée, & terminent agréablement les fêtes de l'Amour & de Bacchus.

DERNIERE ENTRE'E.

QUATRE BERGERS, QUATRE BERGERES, QUATRE SATIRES, ET QUATRE BACCHANTES.

Fin du troisiéme & dernier Acte.

CADMUS

CADMUS
ET
HERMIONE,
TRAGEDIE.

REPRESENTE'E

PAR L'ACADEMIE ROYALE de Musique, pour la premiere fois sur le theatre de Bel-air, & ensuite sur celui du Palais Roial, au mois d'Avril 1672.

L'ACADEMIE ROYALE DE MUSIQUE

AU ROY.

RAND ROY, dont la valeur
étonne l'Univers,
J'ai préparé pour vous mes plus
charmans concers;
Mais je viens vainement vous en offrir les
charmes,
Vous ne tournez les yeux que du côté des
armes;

Vous suivez une voix plus aimable pour vous,
Que les foibles appas de mes chants les plus doux,
Vous courez où la gloire aujourd'hui vous appelle,
Et dés qu'elle a parlé, vous n'écoutez plus qu'elle.
Vous destinez ici mes chansons, & mes jeux,
Aux divertissemens de vos peuples heureux;
Et lorsque vous allez jusqu'au bout de la terre,
Combler vos ennemis des malheurs de la guerre,
Vous laissez, en cherchant la peine, & les combats,
Les plaisirs de la paix au cœur de vos Etats.
 Mais croiez-vous, GRAND ROI, que la France inquiete,
Puisse trouver sans vous quelque douceur pafaite?
Et que rien de charmant attire ses regards,
Quand son bonheur s'expose aux plus affreux hazards?
Non, l'on ne craint que trop votre ardeur heroïque,

Jusques à vos Sujets l'effroi s'en commu-
nique,
Ceux que vous attaquez ont moins à se
troubler,
Nous avons plus à perdre, & devons plus
trembler.
L'Empire où vous regnez sans chercher à
s'accroître,
Trouve assez de grandeur à vous avoir
pour maître,
Votre Regne suffit à sa felicité,
Souffrez qu'il en joüisse avec tranquilité.
Soiez content de voir au seul bruit de vos
armes,
Tant d'Etats agitez de mortelles allar-
mes,
Vos plus fiers ennemis abatus pour jamais,
Et l'Univers tremblant vous demander la
Paix.

Qu'un peuple dont l'orgueil attira la tempête,
Par son abaissement l'écarte de sa tête,
Et quand il n'est plus rien qui puisse ré-
sister,
Que la foudre en vos mains dédaigne d'é-
clater.

D'un regard adouci calmez la Terre & l'Onde,
Ne Vous contentez pas d'être l'effroi du monde,
Et songez que le Ciel Vous donne à nos desirs,
Pour être des humains, l'amour, & les plaisirs.

ACTEURS DU PROLOGUE

PALES. } Divinitez Champêtres.
MELISSE. }

TROUPE de Nymphes & de Basteurs chantans.

LE DIEU PAN.

ARCAS Compagnon de Pan.

SUIVANS DE PAN qui dançent.

SUIVANS DE PAN qui joüent de la Flûte.

L'ENVIE.

QUATRE Vents soûterrains.

QUATRE Vents de l'Air.

SIX Vents souterrains dançans.

LE SOLEIL.

DEUX Bergers dançans.

DEUX Bergeres dançantes.

LE SERPENT PYTHON.

PROLOGUE.

LE sujet de ce Prologue est pris du premier livre & de la huitiéme fable des Metamorphoses, où Ovide décrit la naissance & la mort du monstrueux Serpent Python, que le Soleil fit naître par sa chaleur du limon bourbeux qui étoit resté sur la terre aprés le deluge, & qui devint un Monstre si terrible, qu'Apollon lui-même fut obligé de le détruire.

Le sens allegorique de ce sujet est si clair, qu'il est inutile de l'expliquer. Il suffit de dire que le Roi s'est mis au-dessus des loüanges ordinaires, & que pour former quelque idée de la grandeur & de l'éclat de sa gloire, il a falu s'élever jusques à la Divinité même de la lumiere, qui est le corps de sa devise.

Le theatre s'ouvre & represente une campagne où l'on découvre des hameaux des deux côtez, & un marais dans le fond ; le Ciel fait voir une Aurore éclatante, qui est suivie du lever du Soleil, dont le globe brillant s'éleve sur l'horison, dans le tems que les instrumens achevent de joüer l'ouverture.

PROLOGUE.

PALE'S Déesse des Pasteurs, & Melisse divinité des forêts & des montagnes, sortent des deux côtez du theatre, & appellent les troupes champêtres qui ont accoûtumé de les suivre.

PALE'S, MELISSE, TROUPE DE NIMPHES, TROUPE DE PASTEURS.

PALE'S.

Hastez-vous, Pasteurs, accourez ;
MELISSE.
La voix des oiseaux nous appelle :
PALE'S.
Nos champs sont éclairez ;
MELISSE.
Nos côteaux sont dorez.
PALE'S.
Tout brille de l'éclat de la clarté nouvelle ;
MELISSE.
Mille fleurs naissent dans nos prez :
PALE'S & MELISSE.
Que l'Astre qui nous luit rend la nature belle !
Ne perdons pas un seul moment
D'un jour si doux & si charmant.

Le Chœur répéte les deux derniers Vers.

Le Chœur continuë à chanter.

Admirons, admirons l'Astre qui nous éclaire,
Chantons la gloire de son cours ?
Que tout le Monde revere,
Le Dieu qui fait nos beaux jours.

Pan Dieu des bergers paroît accompagné de joüeurs d'instrumens champêtres, & de danceurs rustiques, qui viennent prendre part à la réjoüissance des Nymphes & des Pasteurs, & tous ensemble commencent à former une maniere de fête à l'honneur du Dieu qui donne le jour.

PAN.

Que chacun se ressente
De la douceur charmante,
Que le Soleil répand sur ces heureux climats,
Il n'est rien qui n'enchante
Dans ces lieux pleins d'appas,
Tout y rit, tout y chante,
Eh, pourquoi ne rirons-nous pas ?

Les danceurs rustiques qui ont suivi le Dieu Pan, commencent une fête, qui est interrompuë par des bruits soûterrains, & par une espece de nuit qui obscurcit le theatre entierement, & tout à coup; ce qui oblige l'assemblée champêtre à fuir avec des cris de fraieur, qui font une maniere de concert affreux, avec les bruits soûterrains.

PROLOGUE.
CHOEURS.

Quel desordre soudain ! quel bruit affreux redouble !
Quel épouventable fracas !
Quels gouffres s'ouvrent sous nos pas !
Le jour pâlit, le Ciel se trouble;
La terre va vomir tout l'enfer en couroux :
Fuions, fuions, sauvons-nous, sauvons-nous.

Dans cette obscurité soudaine, l'Envie sort de son antre qui s'ouvre au milieu du theatre: elle évoque le monstrueux Serpent Python, qui paroît dans son marais bourbeux, jettant des feux par la gueule & par les yeux, qui sont la seule lumiere qui éclaire le theatre : elle appelle les Vents les plus impetueux pour seconder sa fureur, elle en fait sortir quatre de ceux qui sont renfermez dans les cavernes soûterraines, & elle en fait descendre quatre autres de ceux qui forment les orages, qui tous aprés avoir volé, & s'être croisez dans l'air, viennent se ranger autour d'elle, pour l'aider à troubler les beaux jours que le Soleil donne au monde.

L'ENVIE.

C'Est trop voir le Soleil briller dans sa carriere;
Les raions qu'il lance en tous lieux,
Ont trop blessé mes yeux ;
Venez, noirs ennemis de sa vive lumiere,
Joignons nos transports furieux.
Que chacun me seconde :
Paroissez, Monstre affreux.

PROLOGUE.

Sortez, vents soûterrains des antres les plus creux,
Volez, Tirans des airs, troublez la Terre & l'Onde
  Répandons la terreur ;
  Qu'avec nous le Ciel gronde :
  Que l'Enfer nous réponde ;
Remplissons la Terre d'horreur ;
Que la nature se confonde :
Jettons dans tous les cœurs du monde
  La jalouse fureur
  Qui déchire mon cœur.

L'Envie distribuë des Serpents aux vents qui forment autour d'elle des manieres de tourbillons.

L'ENVIE *continuë à chanter.*

Et vous, Monstre, armez-vous pour nuire
A cet Astre puissant qui vous a sçû produire :
Il répand trop de biens, il reçoit trop de vœux,
  Agitez vos Marais bourbeux :
Excitez contre lui mille vapeurs mortelles ;
  Déploïez, étendez vos aîles,
  Que tous les Vents impetueux
  S'efforcent d'éteindre ses feux.

Les Vents forment de nouveaux tourbillons, tandis que le Serpent Python s'éleve en l'air, par un rond qu'il fait en volant.

L'ENVIE *continuë.*

Osons tous obscurcir ses clartez les plus belles,
Osons nous opposer à son cours trop heureux ;
  Quels traits ont crevé le nuage ?
Quel torrent enflamé s'ouvre un brillant passage ?
Tu triomphe, Soleil ? tout cede à ton pouvoir ?
  Que d'honneurs tu vas recevoir !

PROLOGUE.

Ah quelle rage ! ah quelle rage !
Quel desespoir ! quel desespoir !

Des traits enflamez percent l'épaisseur des nuages, & fondent sur le Serpent Python, qui aprés s'être debatu quelque tems en l'air, tombe enfin tout embrasé dans son marais bourbeux ; une pluye de feu se répand sur toute la Scene, & contraint l'Envie de s'abîmer avec les quatre vents soûterrains, tandis que les vents de l'air s'envolent, & dans le même instant les nuages se dissipent, & le theatre devient entierement éclairé.

L'assemblée champêtre que la fraieur avoit chassée revient, pour celebrer la victoire du Soleil, & pour lui préparer des trophées & des sacrifices.

PALE'S.

Chassons la crainte qui nous presse.

MELISSE.

Rien ne doit plus nous faire peur.

PAN.

Le Monstre est mort, l'orage cesse,
Le Soleil est vainqueur.

Le Chœur répéte.

Le Monstre est mort, l'orage cesse,
Le Soleil est vainqueur.

PALE'S.

Qu'on lui prépare
De superbes Autels.

PROLOGUE.

MELISSE.

Que l'on les pare
D'ornemens immortels.

Le Chœur.

Conservons la memoire
De sa victoire.
Par mille honneurs divers,
Répandons le bruit de sa gloire,
Jusqu'au bout de l'univers.

PALES.

Mais le Soleil s'avance,
Il se découvre aux yeux de tous.

Le Chœur.

Respectons sa presence
Par un profond silence,
Ecoutons, taisons-nous.

LE SOLEIL *sur son char.*

Ce n'est point par l'éclat d'un pompeux sacrifice,
Que je me plais à voir mes soins récompensez;
Pour prix de mes travaux ce me doit être assez.
Que chacun en jouisse;
Je fais les plus doux de mes vœux
De rendre tout le monde heureux.

Dans ces lieux fortunez, les Muses vont descendre,
Les jeux galants suivront leurs pas;
J'inspire les chants pleins d'appas
Que vous allez entendre:
Tandis que je suivrai mon cours,
Profitez des beaux jours.

PROLOGUE.

Le Soleil s'éleve dans les Cieux, & toute l'assemblée champêtre forme des jeux, où les chansons sont mêlées avec les dances.

Le Chœur.

PRofitons des beaux jours.

PALE'S.

Suivons tous la même envie.

Le Chœur.

Profitons des beaux jours.

MELISSE.

Aimons, tout nous y convie.

Le Chœur.

Profitons des beaux jours.

PALE'S, & MELISSE ensemble.

Les plus beaux jours de la vie
Sont perdus sans les amours.

Le Chœur.

Profitons des beaux jours.

Tandis que les Nymphes & les Dieux champêtres dancent avec les bergers & les bergeres, Palés, Melisse & Pan, mêlent leurs voix avec des instrumens rustiques.

PROLOGUE.

PALE'S, MELISSE, & PAN ensemble.

Heureux qui peut plaire !
Heureux les Amants !
Leurs jours sont charmants ;
L'amour sçait leur faire
Mille doux moments.
Que sert la jeunesse
Aux cœurs sans tendresse ?
Qui n'a point d'amour
N'a pas un beau jour.

Second Couplet.

En vain l'hyver passe,
En vain dans les champs
Tout charme nos sens,
Une ame de glace
N'a point de Printemps.
Il faut se défaire
D'un cœur trop severe,
Qui n'a point d'amour
N'a pas un beau jour.

Archas un des Dieux des forêts chante, & tous les instrumens & toutes les voix lui répondent, tandis que l'assemblée champêtre dance, & se jouë avec des branches de chêne, dont elle forme plusieurs figures agreables.

ARCHAS.

Peut-on mieux faire,
Quand on sçait plaire,
Peut-on mieux faire
Que d'aimer bien ?
Quelque embarras que l'amour fasse,
C'est toujours un charmant lien ;
Trop de repos bien souvent embarasse,
Que fait-on d'un cœur qui n'aime rien ?

SECOND

PROLOGUE.
SECOND COUPLET.

L'Amour contente,
Sa peine enchante
L'Amour contente,
Tout en est bon
Dans les beaux jours de notre vie
Les plaisirs sont dans leur saison,
Et quelque peu d'amoureuses folie
Vaut souvent mieux que trop de raison.

Fin du Prologue.

ACTEURS
DE LA TRAGEDIE.

CADMUS, *Fils d'Agenor Roi de Tyr, & Frere d'Europe.*

Premier Prince Tyrien,

Second Prince Tyrien.

ARBAS, *Affriquain de la suite de Cadmus.*

Deux autres Affriquains Compagnons d'Arbas.

Le Page de Cadmus.

HERMIONE, *Fille de Mars & de Venus.*

CHARITE, *Une des Graces, Compagne d'Hermione,*

AGLANTE, *Autre Compagne d'Hermione.*

La Nourrice d'Hermione.

Le Page d'Hermione.

DRACO, *Geant, Roi d'Aonie.*

Quatre Geants Suivans de Draco.

Le Page du Geant.

JUNON.

PALLAS.

L'AMOUR.

Un Grand Sacrificateur de Mars.

Un Timballier.

Le Dieu Mars.

Quatre Furies.

ECHION, *Un des Combattans des enfans de la Terre.*

JUPITER.
VENUS.
L'HYMEN.

La Scene est dans la Contrée de la Grece qui étoit appellée Aonie, & que Cadmus nomma Bœotie.

ACTE I.

Le Theatre change, & represente un Jardin.

SCENE PREMIERE.

CADMUS, DEUX PRINCES TIRIENS, UN PAGE.

PREMIER PRINCE TIRIEN.

QUoi, Cadmus, fils d'un Roi qui tient sous sa puissance
Les bords feconds du Nil & les Climats bru-
lés ;
Cadmus, aprés deux ans loin de Tir écoulez,
Etranger chez les Grecs, n'a point d'impatience
De revoir un Païs dont il est l'esperance ?
Et laisse sans regret tant de cœurs desolez ?

Les deux Princes Tiriens ensemble.

Nous suivrons vos destins par tout sans resistance ;
Faudra-t'il que toujours nous soions exilés ?

CADMUS.

J'aimerois à revoir les lieux de ma naissance ;
Mais avant que je puisse en goûter la douceur,
J'ai juré d'achever une juste vengeance.

Premier Prince Tirien.

Et cependant, Seigneur,
Vous laissez en ces lieux languir votre grand cœur.

CADMUS.

Aprés avoir erré sur la Terre & sur l'Onde
Sans trouver Europe ma sœur ;
Aprés avoir en vain cherché son Ravisseur,
Le Ciel termine ici ma course vagabonde ;
Et c'est pour obeïr aux Oracles des Dieux
Qu'il faut m'arrêter en ces lieux.

Premier Prince.

Si vous trouvez des Dieux dont l'ordre vous engage
A choisir ce sejour ;
Le Dieu que votre cœur consulte d'avantage
Est peut-être l'Amour.

Second Prince.

Seroit-il bien possible
Qu'un Heros invincible
Eût un cœur qu'Amour sçût charmer ?

CADMUS.

Quel cœur n'est pas fait pour aimer ?
Et pour être un Heros doit-on être insensible ?
Que sert contre Hermione un courage indompté ?
Qui peut n'en pas être enchanté ?
Le Dieu Mars est son Pere,

Elle en a la noble fierté;
La Mere d'Amour est sa mere,
Elle en a la beauté.

Premier Prince.

A quoi sert un amour qui n'a point d'esperance?
Hermione est sous la puissance
D'un Tiran qui regne en ces lieux.

CADMUS.

C'est un affreux Geant, c'est un Monstre odieux.

Second Prince.

Il est du sang de Mars, ce Dieu le favorise,
Et c'est enfin à lui qu'Hermione est promise:
Nul autre des Mortels n'en doit être l'Epoux;
Et si vous en tentez la fatale entreprise,
La Terre avec le Ciel s'armera contre vous.

CADMUS.

Hé bien je perirai si le destin l'ordonne,
Je veux délivrer Hermione,
Et si je l'entreprens en vain,
Je ne saurois perir pour un plus beau dessein.

SCENE II.

CADMUS, ARBAS, LES DEUX PRINCES, LE PAGE.

CADMUS.

Où sont nos Affriquains ? que leur Troupe s'avance :
La Princesse veut voir leur plus galante dance.
  D'où vient qu'aucun d'eux ne paroît ?

ARBAS.

Vos ordres sont suivis, Seigneur, & tout est prêt.
  Mais le Tiran s'est mis en tête
Qu'il faut que ses Geans dancent dans cette Fête.

CADMUS.

Comment faire mouvoir des Collosses affreux ?

ARBAS.

Quand on lui dit, Comment ? il répond, je le veux,
  Ces grands Hommes pleins de chimeres
  Sont d'un raisonnement fâcheux ;
Et fiers d'être au dessus des Hommes ordinaires
Pensent que la raison doit être au dessous d'eux ;
  Je n'ai pû garder de mesures,
J'ai pesté contre lui, j'ai vomi mille injures,
  Je l'ai nommé Tiran, cent fois.

CADMUS.

  On doit toujours respect aux Rois.

ARBAS.

Eût-il dû m'étrangler, je n'aurois pû me taire :
  J'étois trop en colere ;
  Si je n'avois rien dit,
  J'aurois étouffé de dépit.

CADMUS.

Contentons le Geant, il est ici le Maître ;
Hermione est soumise à son cruel pouvoir :
Ce divertissement, tel enfin qu'il puisse être,
Me vaudra quelque temps le plaisir de la voir.
S'il ne m'est pas permis de lui parler moi-même,
  Et d'oser dire que je l'aime ;
Du moins nos Affriquains, par leurs chants les
  plus doux,
Pourront l'entretenir de mon amour extrême,
  En dépit d'un Rival jaloux.

  Préparons tout en diligence,
  Hâtons-nous, la Princesse avance.

ARBAS.

Allons.

CADMUS.

  Toi ne sui point mes pas.
Je vais voir le Geant, il faut que tu l'évite.

ARBAS.

Non, non, nous n'aurons point de bruit ni d'em-
  baras
  Pour les injures que j'ai dites,
   Je les disois si bas
   Qu'il ne m'entendoit pas.

SCENE III.

HERMIONE, CHARITE, AGLANTE
LA NOURRICE D'HERMIONE
UN PAGE.

HERMIONE.

Cet aimable sejour
Si paisible & si sombre,
Offre du silence & de l'ombre,
A qui veut éviter le bruit, & le grand jour,
Ah ! que n'est-il aussi facile
De trouver un azile
Pour éviter l'Amour !

L'impitoiable Tyrannie,
Dont je suі les barbares Loix,
Ne défend pas d'aimer le Chant & l'Harmonie ;
Vous qui me faites compagnie :
Répondez à ma voix.

AGLANTE.

On a beau fuïr l'Amour, on ne peut l'éviter,
On oppose à ses traits qu'une défense vaine,
On s'épargne bien de la peine,
Quand on se rend sans resister.

CHARITE.

La peine d'aimer est charmante,
Il n'est point de cœur qui s'exempte
De paier ce tribut fatal.
Si l'Amour épouvante
Il fait plus de peur que de mal.

LA NOURRICE.

Quel choix est en votre puissance?

Songez à quel Epoux le Ciel vous veut unir.
HERMIONE.
Je frémis quand j'y pense,
Pourquoi m'en fais-tu souvenir ?
LA NOURRICE.
Vous êtes sans espoir du côté de la Terre :
Le Roi qui vous retient dans ce charmant sejour,
A pour lui le Dieu de la Guerre ;
Il a r'assemblé dans sa Cour
Les restes des Géans échapez du Tonnerre.
Gardez-vous pour Cadmus d'un malheureux amour,
Le don de votre cœur lui coûteroit le jour.
HERMIONE.
Ah! quelle cruauté de vouloir me contraindre
A ce choix odieux que je ne puis souffrir !
LA NOURRICE.
Tout le Monde vous trouve à plaindre,
Personne cependant n'ose vous secourir.
AGLANTE.
Voici les Affriquains, mais les Geants les suivent.
HERMIONE.
Quoi par tout des Geants ? quoi toujours nous troubler.
CHARITE.
C'est d'ordinaire ainsi que les plaisirs arrivent.
Quelque chagrin fâcheux s'y vient toujours mêler.

SCENE IV.

HERMIONE, CHARITE, AGLANTE, LA NOURRICE, CADMUS, DEUX PRINCES TIRIENS.

Treize Affriquains dançants & joüans de la Guitarre.

Affricains jouans de la Guittarre.

Deux autres Affricains chantans. ARBAS, LE GEANT. Quatre autres Geants. Trois Pages.

Un des Affriquains plante un grand Palmier au milieu du Theatre. Cet Arbre est orné de plusieurs Festons & Guirlandes. Les quatre Geants se mêlent avec les Affriquains, & forment ensemble une dance mêlée de Chansons.

ARBAS chante avec deux Affriquains.

Suivons, suivons l'Amour, laissons-nous enflamer,
Ah ! ah ! ah ! qu'il est doux d'aimer !

Premier Affriquain.

Quand l'Amour nous l'ordonne,
Souffrons ses rigueurs,
Cherissons ses langueurs,
Il n'exempte personne
De ses traits vainqueurs ;
Quel peril nous étonne ;
Laissons trembler les foibles cœurs.

TRAGEDIE. 85

ARBAS, & les deux Affriquains.

Suivons, suivons l'Amour, laissons-nous enflamer,
Ah! ah! ah! qu'il est doux d'aimer.

Second Affriquain chantant.

Deux Amans peuvent feindre
  Quand ils sont d'accord;
Plus l'Amour trouve à craindre,
  Plus il fait d'effort;
On a beau le contraindre,
  Il en est plus fort.

ARBAS, & les deux Affriquains.

Suivons, suivons l'Amour, laissons-nous enflamer,
Ah! ah! ah! qu'il est doux d'aimer.

Tous trois ensemble.

On n'a rien de charmant
  Aisément,
Et sans allarmes:
Mais tout plaît, en aimant;
Il n'est point de tourment
Qui n'ait des charmes:
Suivons, suivons l'Amour, laissons-nous enflamer,
Ah! ah! ah! qu'il est doux d'aimer!

Aprés l'Entrée, Hermione se leve de la place où elle étoit assise prés du Geant qui la suit, & l'arrête dans le temps qu'elle se veut retirer.

LE GEANT.

Il est temps de finir ma peine
  Aprés tant d'injustes refus.
Où voulez-vous aller? vous fuiez, inhumaine?

CADMUS,

HERMIONE.
J'étois pour voir ici une dance Affriquaine,
Les Affriquains ne dancent plus.

LE GEANT.
Rien ne doit plus m'être contraire:
Mars est pour moi, c'est votre Pere,
C'est lui qui veut unir votre cœur & le mien.

HERMIONE.
Je suis Sœur de l'Amour, & Venus est ma Mere,
S'ils ne sont pas pour vous, les contez-vous pour rien?

LE GEANT.
Il faut que votre destinée
Suive l'ordre du Dieu dont vous tenez le jour,
Et toujours l'Hymenée
Ne prend pas l'avis de l'Amour.
Vous craignez les raisons dont je puis vous confondre?
Vous ne m'écoutez pas? vous voulez m'éviter?

HERMIONE.
Quand on n'a rien à répondre,
A quoi sert-il d'écouter?

LE GEANT.
Je vous suivrai par tout, malgré votre colere.
Sans cesse à vos regards je veux me presenter:
Et si ce n'est pas pour vous plaire
Ce sera pour vous tourmenter.

SCENE V.

CADMUS, DEUX PRINCES TIRIENS, UN PAGE.

CADMUS.

C'Est trop l'abandonner à ce cruel suplice :
 Il est temps d'éclater,
 Et d'oser tout tenter
 Contre tant d'injustice.

Premier Prince.

C'est exposer vos jours à d'horribles hazards,
Vous aurez à dompter l'affreux Dragon de Mars.

Second Prince.

Il faut semer ses dents, & voir soudain la Terre
En former des Soldats pour vous faire la guerre.

Les deux Princes ensemble.

Voiez à quels dangers vous allez vous offrir.

CADMUS.

Je ne voi qu'Hermione, & je la voi souffrir :
 Tout cede à cette horreur extrême ;
 Il est moins affreux de mourir
 Que de voir souffrir ce qu'on aime.

 Rien ne me peut épouventer :
Malgré tant de perils, l'Amour veut que j'espere.

SCENE VI.

JUNON, PALLAS, CADMUS, LES DEUX PRINCES.

JUNON sur son Char.

OU vas-tu, temeraire ?
Où cours-tu te précipiter ?
C'est l'Epouse & la Sœur du Maître du Tonnerre,
La Mere du Dieu de la Guerre,
C'est Junon qui vient t'arrêter.

PALLAS sur son Char.

Va, Cadmus, que rien ne t'étonne,
Va, ne craint ni Junon, ni le Dieu des Combats ;
Ose secourir Hermione,
Tu vois dans ton parti la Guerriere Pallas,
Cours aux plus grands dangers, je vais suivre tes pas
C'est Jupiter qui me l'ordonne.

JUNON.

Pallas pour les Amans se déclare en ce jour,
Qui l'auroit jamais osé croire ?

PALLAS.

Qui peut être contre l'Amour
Quand il s'accorde avec la Gloire ?

JUNON.

Evite un courroux dangereux.

PALLAS.

Profite d'un avis fidelle.

JUNON.

Fuis un trépas affreux.

PALLAS.

Cherche dans les perils une gloire immortelle.

CADMUS.
Entre deux Deïtez qui suspendent mes vœux,
Je n'ose resister à pas une des deux,
Mais je sui l'Amour qui m'appelle.
JUNON.
Je poursuivrai tes jours.
PALLAS.
Je vole à ton secours.

Junon & Pallas sont enlevées sur leurs Chars.

Fin du premier Acte.

ACTE II.

Le Theatre change, & represente un Palais.

SCENE PREMIERE

ARBAS, CHARITE.

ARBAS.

CHarite, il est trop vrai, Cadmus veut entre-
prendre
De remettre Hermione en pleine liberté:
Il l'a dit au Tiran, & je viens de l'entendre.

CHARITE.

Et que dit le Geant ? n'est-il point irrité ?

ARBAS.

Il rit de sa temerité.
Mon Maître doit voir la Princesse
Avant que d'attaquer le Dragon furieux
Qui veille pour garder ces lieux ;
Et l'Amour qui pour toi me presse
Veut que je vienne aussi te faire mes adieux.
En te voiant, belle Charite,
J'avois cru que l'Amour fût un plaisir charmant;
Mais lors qu'il faut que je quitte

TRAGEDIE.

J'éprouve qu'il n'est point un plus cruel tourment.
La douleur me saisit, je ne puis plus rien dire...
Quand je pleure, & quand je soupire,
Tu ris ? & rien n'émeut ton cœur indifferent?

CHARITE.

Tu fais la grimace en pleurant,
Je ne puis m'empêcher de rire.

ARBAS.

La pitié, tout au moins, devroit bien t'engager
A prendre quelque part à mes ennuis extrêmes.

CHARITE.

S'il est bien vrai que tu m'aimes,
Pourquoi veux-tu m'affliger?

ARBAS.

Pour soulager mon cœur du chagrin qui le presse
Te coûteroit-il tant de t'affliger un peu?

CHARITE.

C'est un poison que la tristesse,
L'Amour n'est plus plaisant dés qu'il n'est plus un jeu.

ARBAS.

On console un Amant des rigueurs de l'absence
Par de tendres adieux.

CHARITE.

Quand il faut se quitter, un peu d'indifference
Console encore mieux.

ARBAS.

Tu me l'avois bien dit, qu'il étoit impossible
Que ton barbare cœur perdît sa dureté.

CHARITE.

Au moins, si tu te plaint de me voir insensible,
Tu dois être content de ma sincerité,
Puis qu'enfin pour te satisfaire
Je ne puis pleurer avec toi,
Si tu voulois me plaire
Tu rirois avec moi.

ARBAS.

C'est trop railler de mon martire,

Le dépit m'en doit délivrer.
N'est-on pas bien fou de pleurer
Pour qui n'en fait que rire ?

CHARITE.

Gueri-toi, si tu peux,
J'approuve ta colere ;
Quand on desespere
Un Cœur amoureux,
C'est par un dépit heureux
Qu'il faut se tirer d'affaire.

CHARITE & ARBAS *ensemble.*

Quand on desespere
Un Cœur amoureux,
C'est par un dépit heureux
Qu'il faut se tirer d'affaire.

ARBAS.
Mais la Nourrice vient, il me faut éloigner.

CHARITE.
Tu sais que tu lui plais, la veux-tu dédaigner ?
C'est une conquête assez belle.

ARBAS.
Si je lui plais, tant pis pour elle.

SCENE II.

LA NOURRICE, ARBAS, CHARITÉ.

LA NOURICE.

Quoi, dés que je parois, tu fuis au même inſ-
tant ?
Lors qu'on a des amis, eſt-ce ainſi qu'on les quitte ?
ARBAS.
Le temps preſſe, & Cadmus m'attend.
LA NOURICE.
Quand tu parlois ſeul à Charite,
Le temps ne te preſſoit pas tant :
Quel charme a-t'elle qui t'attire ?
Qu'ai-je qui te fait en aller ?
ARBAS.
J'avois à lui parler,
Je n'ai rien à te dire.
Je dois ſuivre Cadmus, nous partons de ce lieu.
LA NOURICE.
Me dire adieu, du moins, eſt une bienſeance,
Dont rien ne te diſpenſe.
ARBAS.
Je te dis donc adieu.

SCENE III.
LA NOURICE, CHARITE.

LA NOURRICE.

IL me quitte, l'Ingrat, il me fuit, l'Infidelle!
Ne crains pas que je te r'appelle;
Va, cours, je te laisse partir:
Va, je n'ai plus pour toi qu'une haine mortelle;
Puisse-tu rencontrer la mort la plus cruelle,
Puisse le Dragon t'engloutir.

CHARITE.
Croi-moi, modere
L'éclat de ta colere;
Un dépit qui fait tant de bruit
Fait trop d'honneur à qui nous fuit.

LA NOURRICE.
Ah! vraiment je vous trouve bonne!
Est-ce à vous petite Mignonne,
De reprendre ce que je dis?
Attendez l'âge
Où l'on est sage,
Pour donner des avis.

CHARITE.
Je suis jeune, je le confesse,
Trouve-tu ce défaut si digne de mépris?
N'a-t'on point de bon sens qu'en perdant la jeunesse,
Il seroit bien cher à ce prix.

LA NOURRICE.
Le temps doit meurir les esprits,
Et c'est le fruit de la Vieillesse,

TRAGEDIE.
CHARITE.
Il n'est pas sûr que la sagesse
Suive toujours les cheveux gris.
LA NOURRICE.
Je souffre peu que l'on me blesse
Par des discours picquans,
Prétens-tu m'insulter sans cesse ?
CHARITE.
Je respecte trop tes vieux ans.
Mais Cadmus, & la Princesse,
Viennent dans ces lieux ;
Ne troublons par leurs adieux.

SCENE IV.
CADMUS, HERMIONE.

CADMUS.

Je vais partir, belle Hermione,
Je vais executer ce que l'Amour m'ordonne,
Malgré le peril qui m'attend ;
Je veux vous délivrer, ou me perdre moi-même ;
Je vous voi, je vous dis enfin que je vous aime,
C'est assez pour mourir content.
HERMIONE.
Ah ! Cadmus, pourquoi m'aimez-vous ?
Pourquoi vouloir chercher une mort trop certaine ?
Eh ! que peut la valeur humaine
Contre le Dieu Mars en courroux ?
Voiez en quels perils votre Amour nous entraîne ?
J'aurois mieux aimé votre haine :
Ah ! Cadmus, pourquoi m'aimez-vous ?

CADMUS.
Vous m'aimez, il suffit, ne soiez point en peine;
Mon destin, tel qu'il soit, ne peut être que doux.
HERMIONE.
Vivons pour nous aimer, & cessez de poursuivre
Le funeste dessein que vous avez formé;
    Il doit être bien doux de vivre
    Lors qu'on aime, & qu'on est aimé.
CADMUS.
Sous une injuste loi je vous vois asservie;
Seroit-ce vous aimer que le pouvoir souffrir?
Lors que pour ce qu'on aime on s'expose à perir,
La plus affreuse mort a dequoi faire envie.
HERMIONE.
Mais vous ne songez pas qu'il y va de la vie;
Faut-il que pour mes jours vous soiez sans effroi;
    Je vivrai sous l'injuste loi
    Où mon cruel destin me livre,
    Mais si vous perissez pour moi,
    Je ne pourrai pas vous survivre.
CADMUS.
J'ai besoin de secours, voulés-vous m'accabler?
Ah! Princesse, il est temps de me faire trembler?
HERMIONE.
    Soiez sensible à mes allarmes?
CADMUS.
    Je ne sens que trop vos douleurs.
HERMIONE.
    Partirez-vous malgré mes pleurs?
CADMUS.
Il faut aller tarir la source de vos larmes.
HERMIONE.
    Quoi vous m'allez quitter?
CADMUS.
    Je vais vous secourir.
HERMIONE.
    Ah! vous allez perir!
Vous cherchez une mort horrible;

Mon amour me dit trop que vous perdrez le jour.
CADMUS.
L'amour que j'ai pour vous ne croit rien d'impossible:
Il me flate en partant d'un bienheureux retour.

HERMIONE & CADMUS *ensemble.*

Croiez-en mon amour.
HERMIONE.
Vous n'écoutez point ma tendresse ?
Rien ne vous retient ?
CADMUS.
Le temps presse.

Ensemble.

Au nom des plus beaux nœuds que l'amour ait formez,
Vivez, si vous m'aimez.
CADMUS.
Esperons.
HERMIONE.
Tout me desespere.
Que je me veux de mal d'avoir trop sçu vous plaire !

Ensemble.

Qu'un tendre amour coûte d'ennuis !
HERMIONE.
Vous fuiez ?
CADMUS.
Il le faut.
HERMIONE.
Demeurez ?

CADMUS.
Je ne puis.
Je m'affoiblis plus je differe ;
Il faut m'arracher de ce lieu.

Tome I. E

CADMUS,
Ah ! Cadmus !
HERMIONE.
CADMUS.
Hermione !

Ensemble.

Adieu.

SCENE V.

HERMIONE.

Amour, voi quels maux tu nous fais,
Où sont les biens que tu promets ?
N'as-tu point pitié de nos peines ?
Tes rigueurs les plus inhumaines
Seront-t'elles toûjours pour les plus tendres cœurs ?
Pour qui, cruel amour, garde-tu tes douceurs ?

SCENE VI.

L'AMOUR, HERMIONE.

L'AMOUR *sur un nuage.*

Calme tes déplaisirs, dissipe tes allarmes,
L'amour vient essuier tes larmes,
Il n'abandonne pas ceux qui suivent ses loix.
Souviens-toi que tout m'est possible.

Que rien à mon abord ne demeure insensible.
Que pour la divertir tout s'anime à ma voix.

Des statuës d'or sont animées par l'amour, & sautent de leurs pieds-d'estaux pour dancer.

L'Amour descend, & vient chanter au milieu des Statuës animées.

L'AMOUR.

Cessez de vous plaindre
De souffrir en aimant ;
Amants, vous devez ne rien craindre,
Si vous souffrez, votre prix est charmant.
Aprés des rigueurs inhumaines
On aime sans peines,
On rit des jaloux ;
Un bien plein de charmes
Qui coûte des larmes,
En devient plus doux.

Second Couplet.

Tout doit rendre hommage
A l'empire amoureux ;
Il faut tôt ou tard qu'on s'engage,
Sans rien aimer on ne peut être heureux.
Aprés des rigueurs inhumaines, &c.

L'Amour reprend sa place sur le nuage, qui l'a apporté, les Statuës se remettent sur leurs pieds d'estaux, tandis que dix petits Amours d'or, qui tiennent des corbeilles pleines de fleurs, sont à leur tour animez par l'Amour, & viennent par son ordre jetter des fleurs en volant autour d'Hermione.

L'AMOUR.

Amours, venez semer mille fleurs sous ses pas.

HERMIONE.

Laissez-moi ma douleur, j'y trouve des appas.
Dans l'horreur d'un péril extrême,
Est-ce là le secours que l'on me doit offrir ?
Peut-être ce que j'aime
Est tout prêt de périr.

L'AMOUR s'envole au milieu des dix Amours.
Je vais le secourir.

Fin du second Acte.

ACTE III.

Le Theatre change, & represente un desert & une grote.

SCENE PREMIERE.

LES DEUX PRINCES TIRIENS, ARBAS, deux Affriquains.

Premier Prince Tirien.

TU détournes bien tes regards?

Second Prince Tirien.

As-tu peur du Dragon de Mars?

ARBAS.

La defiance est necessaire,
Il est bon de prévoir un fâcheux accident,
On ne doit point ici marcher en temeraire.

Premier Prince.

C'est trés-bien fait d'être prudent.

ARBAS.

Je suis hardi quand il faut l'être;
Si quelqu'un en doutoit, il pourroit le connoître.

Second Prince.
Qui voudroit s'attaquer à toi ?
Premier Prince.
On te croit vaillant fur ta foi
Mais la couleur de ton vifage
Répond mal à ta valeur ?
ARBAS.
Eft-ce par la couleur
Que l'on doit juger du courage ?

Second Prince.
Que tes fens paroiffent troublez ?
Tu tremble.
ARBAS.
C'eft qu'il vous le femble :
Chacun croit que l'on lui reffemble,
C'eft peut-être vous qui tremblez ?
Que maudit foit l'Amour funefte,
Qui nous fait tant fouffrir dans ce malheureux jour !
On fe foulage quand on pefte,
Et l'on ne fauroit trop pefter contre l'Amour.

Les deux Princes, & Arbas, enfemble.
Gardons-nous bien d'avoir envie
D'être jamais amoureux :
De tous les maux de la vie
L'amour eft le plus dangereux.

Premier Prince.
Cadmus veut effaier de rendre Mars propice,
C'eft ici qu'il prétend offrir un facrifice.
Second Prince.
Pour des foins differents il faut nous féparer.

Les Princes enfemble.
Allons tout préparer.

SCENE III.

ARBAS, *deux Affriquains.*

ARBAS.

Acquittons-nous des soins où Cadmus nous engage.
Quel bruit ! non, ce n'est rien, courage, amis
courage ;
Qu'on a peine à donner du courage en tremblant ?
Il ne tient pas à moi que je ne sois vaillant,
Je tâche au moins de le paroître ;
Je ne suis pas le seul qui se pique de l'être,
Et qui n'en fait que le semblant.

Il faut puiser de l'eau pour la ceremonie ;
Avancez, je vous sui. Quel Dragon furieux !

Les deux Affriquains.

O Dieux ! ô Dieux !

Dans le temps que les deux Affriquains veulent puiser de l'eau, le dragon s'élance sur eux, & les entraîne.

ARBAS.

Ah ! c'est fait de ma vie !
N'est-il point d'arbre, ou de rocher,
Qui s'entrouve pour me cacher.

SCENE III.

CADMUS, ARBAS.

CADMUS.

Ou vas-tu ?

ARBAS.
Le Dragon......

CADMUS.
Hé bien ?

ARBAS.
Ah ! mon cher Maître......

CADMUS.

Parle donc ?

ARBAS.
Le Dragon....

CADMUS.
Où le vois-tu paroître ?

Je regarde par tout, & je n'apperçois rien.

ARBAS.

Quoi le dragon nous fuit ? mais regardez-vous bien ?

CADMUS.

Où sont tes Compagnons ? qui t'oblige à te taire ?
Tu parois interdit d'effroi.

ARBAS.

Seigneur, vous jugez mal de moi,
Si je suis interdit, ce n'est que de colere.
Mes pauvres Compagnons ! helas !
Le dragon n'en a fait qu'un fort leger repas.

CADMUS.

Allons, il faut que je les venge.

ARBAS.

Quelle hâte avez-vous que le dragon vous mange ?
Laissés-le se cacher. Ah ! le voila qui sort !
O secours ! ô secours ! je suis mort ! je suis mort.

    O Ciel ! où sera mon azile ?
    La fraieur me rend immobile ;
    Je ne sçaurois plus faire un pas :
    Ah ! cachons-nous, ne soufflons pas.

*Arbas se cache, & Cadmus combat
contre le dragon.*

CADMUS, *aprés avoir tué le dragon.*

    Il ne faut plus que je differe
D'engager le Dieu Mars à calmer sa colere !
Si je puis l'adoucir rien ne me peut troubler.
Mes gens sont écartez, il faut les rassembler.

SCENE IV.

ARBAS *sortant de l'endroit où
il étoit caché.*

LE Dragon assouvi de sang & de carnage,
S'est enfin retiré dans quelque antre sauvage ;
Tout est calme en ces lieux, & je n'entens plus rien.
    Je sens revenir mon courage,
    Et croi que je fuïrai bien.
Allons conter par tout le trépas de mon Maître.
    Que je plains son funeste sort !
    Allons, mais que voi-je paroître ?
Le Dragon étendu ! ne fait-il point le mort ?

E 5

Non, je le voi percé, son sang coule, ah ! le traître !
Je ne puis contre lui retenir mon courroux,
Et je veux lui donner au moins les derniers coups.

Arbas met l'épée à la main & va percer le dragon, qui fait encore quelque mouvement, qui oblige Arbas à retourner sur le devant du theatre.

SCENE V.
LES DEUX PRINCES TIRIENS, ARBAS.

Premier Prince.

Quoi, l'épée à la main ! que faut-il entreprendre ?

Second Prince.

De quel péril es-tu pressé ?

Les deux Princes ensemble.

Nous aurons soin de te défendre.

ARBAS.

Vous venez un peu tard, le péril est passé.

Les deux Princes.

Que voions-nous ! qui l'eût pu croire ?
Quoi le Dragon est abatu !

ARBAS.

Nous en avons sans vous remporté la victoire.

TRAGEDIE.

Premier Prince.

As-tu suivi Cadmus ?

Second Prince.

As-tu part à sa gloire ?

ARBAS.

Eh, nous n'étions pas loin quand il a combattu.

Les deux Princes.

Conte-nous ce combat.

ARBAS.

J'en suis si hors d'haleine,
Que je ne puis encore m'exprimer qu'avec peine.
Il est bon d'essuier ce fer ensanglanté,
De crainte qu'il ne soit gâté.

Les deux Princes.

Ah ! quels chagrins pour nous de manquer l'avantage
De signaler notre courage !

ARBAS.

Tous ces chagrins, & ces regrets
Sont des soins qui ne coûtent guere,
Quand on ne void plus rien à faire,
On fait le brave à peu de frais.

Premier Prince.

On prend peu garde à toi ; Cadmus nous rend justice,
Mais il vient, rengeons-nous pour voir le Sacrifice.

SCENE VI.

CADMUS, DEUX PRINCES, TIRIENS, ARBAS, *le Grand Sacrificateur.*

Seize Sacrificateurs chantans.

Un Timballier, six Sacrificateurs dançans.

Deux Sacrificateurs portent un trophée d'armes qui couvre le Grand Sacrificateur en marchant, jusques au milieu du theatre.

Le Grand Sacrificateur.

Mars ! ô toi qui peux
Déchaîner quand tu veux
Les fureurs de la Guerre ;
O Mars, reçoi nos vœux.

Le Chœur des Sacrificateurs.

O Mars, reçoi nos vœux.

Le Grand Sacrificateur.

Ton funeste couroux n'est pas moins dangereux
Que l'éclat fatal du Tonnerre :
O Mars, reçoi nos vœux.

Chœur des Sacrificateurs.

O Mars, reçoi nos vœux.

Le Grand Sacrificateur.

Les combats sanglants sont tes jeux ?
Tu sçai, quand il te plaît, remplir toute la terre
De ravages affreux.
O Mars, reçoi nos vœux.

Le Chœur.

O Mars, reçoi nos vœux.

Les Sacrificateurs chantans demeurent prosternez, & les Sacrificateurs dançants font cependant une entrée au son des timbales & au bruit des armes, après-quoi les Sacrificateurs chantans se relevent, & chantent.

Le Grand Sacrificateur.

Mars redoutable !
Mars indomptable !
O Mars ! ô Mars ! ô Mars !

Le Chœur.

Mars redoutable ?
Mars indomptable !
O Mars ! ô Mars ! ô Mars !

Le Grand Sacrificateur.

O Mars impitoiable !
Est-il révocable
Que ta haine implacable
Accable
Une ame inébranlable
Au milieu des hazards ?

Le Chœur.

O Mars ! ô Mars ! ô Mars !
Mars redoutable !
Mars indomptable !
O Mars ! ô Mars ! ô Mars !

Le Grand Sacrificateur.

Que le tumulte des allarmes,
Que le bruit, que le choc, que le fracas des armes,
Retentisse de toutes parts.

Le Chœur.

O Mars ! ô Mars ! ô Mars !
Mars redoutable !
Mars indomptable !
O Mars ! ô Mars ! ô Mars !

Le Grand Sacrificateur.

Qu'on fasse approcher la victime :
Puisse-t'elle calmer le couroux qui t'anime,
Et n'attirer sur nous que tes plus doux regards.

Le Chœur.

O Mars ! ô Mars ! ô Mars !
Mars redoutable !
Mars indomptable !
O Mars ! ô Mars ! ô Mars !

SCENE VII.

MARS *paroît sur son char, & interrompt les Sacrificateurs.*

MARS.

C'Est vainement que l'on espere
Que d'inutiles vœux appaisent ma colere ;
Je ne revoque point mes Loix.
Si Cadmus veut me satisfaire,
Qu'il acheve, s'il peut, de mériter mon choix ?
Un vain respect ne peut me plaire,
On ne satisfait Mars que par de grands exploits.

Vous, que l'Enfer a nourries,
Venez, cruelles Furies,
Venez, brisez l'Autel en cent morceaux épars ?

Le Chœur.

O Mars ! ô Mars ! ô Mars !

Quatre Furies descendent qui brisent l'Autel, & s'envolent ensuite, tenant chacune un tison du Sacrifice à la main. Le Char de Mars tourne dans le même tems, & l'emporte au fonds du theatre, où l'on le perd de vûë, & tous les Sacrificateurs & les Assistans se retirent, en criant, ô Mars !

Fin du troisiéme Acte.

ACTE IV.

Le Theatre change, & represente le Champ de Mars.

SCENE PREMIERE.

CADMUS, ARBAS.

CADMUS.

Voici le Champ de Mars, il faut que sans remise,
J'acheve ici mon entreprise;
J'ai les dents du dragon, & je vais les semer.

ARBAS.

Ce sont des ennemis que vous verrez former;
Tant de Soldats armez vont naître,
Que vous serez d'abord accablé de leurs coups;
Et vous ne songez pas peut-être
Que vous n'avez ici que moi seul avec vous.

CADMUS.

Je ne veux exposer personne,
Au péril où je m'abandonne;
Je dois combattre seul, & ne retiens que toi:
Tu connois mon amour, je suis seur de ta foi,
Je veux bien que tu sois le dernier qui me quitte.

ARBAS.

Seigneur, vous m'honorez plus que je ne merite,

CADMUS.

Si je ne fais qu'un vain effort,
Accompli ce que je t'ordonne :
Si-tôt que tu sçauras ma mort,
Hâte-toi de voir Hermionne ;
Va, porte-lui mes derniers vœux,
Qu'elle vive, il suffit de plaindre un malheureux,
Qu'elle ait soin de garder le souvenir fidelle
D'une flâme si belle ;
C'est l'unique prix que je veux,
De ce que j'aurai fait pour elle.
Je ne prétens plus t'arrêter.
Laisse-moi.

ARBAS.
Faut-il vous quitter ?
CADMUS.
Je le veux, obéïs.
ARBAS.
Ah ! quelle violence,
Seigneur, exigez-vous de mon obéïssance ?

SCENE II.

L'AMOUR, CADMUS.

L'AMOUR *sur un nuage brillant.*

Cadmus, reçoi le don que je viens t'aporter :
C'est l'ouvrage du Dieu qui forge le tonnere ;
Ne manque pas de le jetter
Au milieu des Soldats enfantez par la terre.
Il faut faire voir en ce jour
Ce que peut un grand cœur secondé par l'amour.
Acheve le dessein où mon ardeur t'engage.

CADMUS.
Je te vais obéir fans tarder davantage.
L'AMOUR, & CADMUS ensemble.
Il faut faire voir en ce jour,
Ce que peut un grand cœur secondé par l'amour.

L'Amour s'envole, & Cadmus seme les dents du dragon, dont la Terre produit des Soldats armez, qui se préparent d'abord à tourner leurs armes contre Cadmus, mais il jette au milieu d'eux une maniere de Grenade, que l'Amour lui a apportée, qui se brise en plusieurs éclats, & qui inspire aux Combattans une fureur qui les oblige à combattre les uns contre les autres, & à s'entrégorger eux-mêmes.

Huit Soldats armez nez de la Terre, combattans.

Les cinq derniers qui demeurent vivants, viennent apporter leurs armes aux pieds de Cadmus.

SCENE III.
CADMUS, les combattans nez de la Terre.

ECHION, Combattant.
Arrêtons un transport funeste ;
Pourquoi nous immoler en naissant dans ces Lieux ?
Reservons le sang qui nous reste,
Pour servir un Heros favorisé des Dieux.
CADMUS.
Allez, que dans ces murs chacun de vous s'empresse
De rendre hommage à la Princesse
Qui doit donner ici des ordres absolus ;
Vos premiers respects lui sont dûs,
Je vous suivrai de prés, c'est ma plus douce envie.

*Les combattans obéïssent à Cadmus, qui de-
meure pour chercher, & pour r'assembler les
Tiriens.*

Cherchons nos Tiriens, ils tremblent pour ma vie,
Allons les r'asseurer, voyons de toutes parts.

SCENE IV.
LE GEANT, CADMUS.

LE GEANT.

Non, ce n'est point assez d'avoir satisfait Mars;
Tu vois un Ennemi qu'il faut encore abbatre,
Au lieu de triompher recommence à combattre.
CADMUS.
Combattons.
LE GEANT.
J'ai pitié du peril que tu cours :
Il m'est honteux de vaincre avec tant d'avantage ;
Va, fuïs, & cede-moi l'objet de nos amours.
Tu n'auras plus de Dieux qui défendent tes jours.
CADMUS.
Les Dieux m'ont donné du courage,
Et c'est un assez grand secours.
LE GEANT.
Voions s'il n'est rien qui t'étonne.

SCENE V.

LE GEANT, TROIS AUTRES GEANTS, PALLAS, CADMUS.

LE GEANT.

Qu'on vienne à moi, qu'on l'environne !
Qu'on le perce de tous côtez.

PALLAS assise sur un Hibou volant.
Cadmus ferme les yeux. Perfides arrêtés.

Pallas découvre son Bouclier & le presente aux yeux des quatre Geants, qui demeurent immobiles, & deviennent dans un instant quatre Statuës de pierre.

PALLAS.
Voi, Cadmus, voi quel supplice
A puni leur injustice.

CADMUS.
Que voi-je ! les Geants armez
Ne sont plus des corps animez !

PALLAS.
Je t'ai promis mon assistance,
Je vais te préparer un superbe Palais :
Je veux joindre aux douceurs d'un Hymen plein d'attraits,
L'éclat, & la magnificence.
Goûte en paix un sort glorieux.
Va, n'écoute plus rien que l'amour qui t'anime ;
Hermione vient dans ces lieux.

CADMUS.
Par quel remerciement faut-il que je m'exprime ?

PALLAS s'envollant.
Proteger la vertu d'un Prince magnanime
C'est le plus doux emploi des Dieux.

SCENE VI.

CADMUS, HERMIONE, suite d'Hermione & de Cadmus.

CADMUS.

Ma Princesse!
HERMIONE.
Cadmus!
CADMUS.
Quel bonheur!
HERMIONE.
Quelle gloire!
CADMUS.
Je vous vois libre enfin!
HERMIONE.
Je vous revoi vainqueur?
CADMUS.
Quelle favorable victoire!
HERMIONE.
Quelle a coûté chere à mon cœur!
CADMUS.
Que c'est un charmant avantage
Que de pouvoir sauver d'un cruel esclavage
La beauté dont on est charmé.
HERMIONE.
Que c'est un sort digne d'envie
Que de pouvoir tenir le bonheur de sa vie,
De la main d'un Vainqueur aimé.

CADMUS & HERMIONE ensemble.

Aprés des rigueurs inhumaines,

CADMUS,
Le Ciel favorise nos vœux ;
Ah ! que le souvenir des peines
Est doux quand on devient heureux.
CADMUS.
Dieux ! je ne voi plus Hermione !
Quel nuage épais l'environne !

Un nuage s'éleve de la Terre qui envelope Hermione.

SCENE VII.

JUNON, CADMUS, HERMIONE, Suitte.

JUNON *sur un Paon.*

TU vois l'effet de mon couroux,
Il faut combattre encor Junon & sa puissance ;
Le soin que prend pour toi mon infidelle Epoux
Attire sur tes feux l'éclat de ma vengeance.
Iris, détruits l'espoir de cet audacieux ?
Enleve sur ton Arc Hermione à ses yeux.
Execute à l'instant ce que Junon t'ordonne.

HERMIONE *enlevée sur l'Arc en Ciel.*

O Ciel !

Tous ensemble.

O Ciel ! ô Ciel ! Hermione ! Hermione !

Fin du quatriéme Acte.

ACTE V.

Le Theatre change, & represente le Palais que Pallas a préparé pour les Nôces de Cadmus & d'Hermione.

SCENE PREMIERE.

CADMUS *seul.*

Belle Hermione, helas ! puis-je être heureux
    sans vous ?
Que sert dans ce Palais la pompe qu'on pré-
    pare ?
Tout espoir est perdu pour nous :
Le bonheur d'un amour si fidelle, & si rare,
Jusqu'entre les Dieux a trouvé des jaloux.
Belle Hermione, helas ! puis-je être heureux sans
    vous ?

Nous nous étions flattez que notre sort barbare
    Avoit épuisé son couroux :
    Quelle rigueur quand on separe
Deux Cœurs prêts d'être unis par des liens si doux ?
Belle Hermione, helas ! puis-je être heureux sans
    vous.

SCENE II.

PALLAS, CADMUS.

PALLAS *sur un nuage.*

TEs vœux vont être satisfaits;
Jupiter & Junon ont fini leur querelle,
   L'Amour lui-même a fait leur paix
Ton Hermione enfin descend dans ce Palais,
   Les Dieux s'avancent avec elle;
Le Ciel veut que ce jour soit celebre à jamais.

SCENE III.

Les Cieux s'ouvrent, & tous les Dieux paroissent, & s'avancent pour accompagner Hermione qui descend dans un trône à côté de l'himenée, qui donne sa place à Cadmus, & se met au milieu des deux époux.

Troupe de Divinitez tant dans les Cieux que sur la terre.

La Suite de Cadmus & celle d'Hermione, viennent prendre part à la réjouissance des Dieux, & Jupiter commence à inviter les Cieux & la terre à contribuer au bonheur de ces deux Amants.

JUPITER.

QUe ce qui suit les Loix du Maître du Tonnerre,
   Que les Cieux & la Terre
  S'accordent pour combler vos vœux.

Aprés

TRAGEDIE.

Aprés un sort si rigoureux,
Aprés tant de peines cruelles,
Amans fidelles,
Vivez heureux.

Tous les Chœurs répondent.

Aprés un sort si rigoureux,
Aprés tant de peines cruelles,
Amans fidelles,
Vivez heureux.

L'HIMEN.

L'Himen veut vous offrir ses chaînes les plus belles.

JUNON.

Junon en veut former les nœuds.

Les Chœurs.

Amans fidelles,
Vivez heureux.

VENUS.

Venus vous donnera des douceurs éternelles.

MARS.

J'écarterai de vous les fatales querelles,
Et les Ennemis dangereux.

Les Chœurs.

Amans fidelles,
Vivez heureux.

PALLAS.

Attendez de Pallas mille faveurs nouvelles.

L'AMOUR.

L'Amour conservera toujours de si beaux feux.

CADMUS,

Les Chœurs.

Après un sort si rigoureux,
Après tant de peines cruelles,
Amans fidelles,
Vivez heureux.

JUPITER.

Himen prend soin ici des dances & des jeux.

Les Chœurs.

Amans fidelles,
Vivez heureux.

L'HIMEN.

Venez, Dieu des Festins, aimables jeux, venez;
Comblez de vos douceurs ces Epoux fortunez,
Tandis que tout le Ciel prépare
Les Dons qu'il leur a destinez,
La Terre y doit mêler ce qu'elle a de plus rare.
Venez, Dieu des Festins, aimables jeux, venez;
Comblez de vos douceurs ces Epoux fortunez.

Comus dançant seul. Quatre suivans de Comus. Quatre Hamadriades sortent de la Terre avec des Corbeilles pleines de fruits. Comus commence à dancer seul.

ARBAS & LA NOURRICE ensemble.

Serons-nous dans le silence
Quand on rit, & quand on dance:
Les chagrins ont eu leur temps,
Pour jamais le Ciel les chasse,
Les plaisirs ont pris leur place;
Quand deux cœurs sont constans,
Ou tôt ou tard ils sont contens.

Qu'il est doux quand on soupire,
De sortir d'un long martire :
Les chagrins ont eu leur temps ;
Pour jamais le Ciel les chasse,
Les Plaisirs ont pris leur place ;
Quand deux cœurs sont constans,
Ou tôt ou tard ils sont contens.

Des Amours font descendre du Ciel sous une espece de petit Pavillon, les presens des Dieux, attachez à des chaînes galantes. Les Hamadriades & les Suivans de Comus les portent aux deux Epoux, & forment une dance, où Charite mêle une Chanson.

CHARITE.

Amans, aimez vos chaînes,
Vos soins, & vos soupirs ;
L'Amour suivant vos peines,
Mesure vos plaisirs.
Il cause des allarmes,
Il vend bien cher ses charmes ;
Mais pour un si grand bien
Tous les maux ne sont rien.

Sans une aimable flâme
La vie est sans appas ;
Qui peut toucher une ame
Qu'Amour ne touche pas ?
Il cause des allarmes,
Il vend bien cher ses charmes ;
Mais pour un si grand bien
Tous les maux ne sont rien.

Tous les Dieux du Ciel & de la Terre recommencent à chanter. Les Hamadriades, & les Suivans de Comus continuent à dancer ; & ce mélange de chants & de d...

es forme une réjouissance generale, qui acheve la Fête des Nôces de Cadmus & d'Hermione.

Tous les Chœurs.

Aprés un sort si rigoureux,
Aprés tant de peines cruelles,
Amans fidelles,
Vivez heureux.

Fin du cinquiéme & dernier Acte.

ALCESTE,
OU
LE TRIOMPHE
D'ALCIDE,
TRAGEDIE.

REPRESENTE'E

PAR L'ACADEMIE ROYALE
de Musique, en 1654.

L'ACADEMIE
ROYALE
DE
MUSIQUE.

AU ROY.

LORIEUX Conquerant
Protecteur des beaux Arts,
Grand ROI, tournez sur moi vos
Augustes regards.
Une affreuse saison désole assez la Terre,
Sans y mêler encor les horreurs de la Guerre;
Tandis qu'un froid cruel dépoüille les buis-
sons,

F 4

Et des Oiseaux tremblants étouffe les chansons,
Ecoutez les Concerts que mon soin vous prépare :
Des fidelles Amours je chante la plus rare,
Et des Vainqueurs fameux, j'ai fait choix
  entre tous,
Du plus grand que le monde ait connu juf-
  qu'à vous.

Aprés avoir couru de Victoire en Victoire
Prenez un doux relâche au comble de la Gloi-
  re ;
L'Hyver a beau s'armer de glace & de fri-
  mas,
Lors qu'il vous plaît de vaincre il ne vous
  retient pas ;
Et falût-il forcer mille Obstacles ensemble,
La Moisson des Lauriers se fait quand bon
  vous semble.

Pour servir de refuge à des Peuples in-
  grats,
En vain un puissant Fleuve étendoit ses deux
  bras ;
Ses flots n'ont opposé qu'une foible Barriere
A la rapidité de votre ardeur guerriere.
Le Batave interdit aprés le Rhein dompté,
A dans son desespoir cherché sa sureté :
A voir par quels Exploits vous commenciez
  la guerre,
Il n'a point cru d'azile assez fort sur la terre,

Et de votre valeur le redoutable cours,
L'a contraint d'appeller la Mer à son secours.
Laissez-le revenir de ses frayeurs mortelles ;
Laissez-vous préparer des Conquêtes nou-
　　velles,
Et donnez le loisir pour soutenir vos coups
D'armer des Ennemis qui soient dignes de
　　vous.
Resistez quelque temps à votre impatience,
Prenez part aux douceurs dont vous comblez
　　la France,
Et malgré la chaleur de vos nobles desirs,
Endurez le repos & souffrez les plaisirs.

ACTEURS DU PROLOGUE.

LA NYMPHE DE LA SEINE.
LA GLOIRE.
SUITE DE LA GLOIRE.
LA NYMPHE DES THUILLERIES.
TROUPPE de Naïades & d'Hamadriades.
LA NYMPHE DE LA MARNE.
TROUPPE de Divinitez de Fleuves.
LES PLAISIRS.

La Scene du Prologue est sur les bords de la Seine, dans les Jardins des Thuilleries.

ACTEURS
DE LA TRAGEDIE.

CHOEUR DES THESSALIENS.
CALCIDE, ou HERCULE.
LYCHAS, *Confident d'Alcide.*
STRATON, *Confident de Licomede.*
CE'PHISE, *Confidente d'Alceste.*
LICOMEDE, *Frere de Thetis, & Roi de l'Isle de Scyros.*
PHERES *Pere d'Admete.*
ADMETE, *Roi de Thessalie.*
CLEANTE, *Escuyer d'Admete.*
ALCESTE, *Princesse d'Yolcos.*
Pages, *& Suivans.*
Troupe de Divinitez de la Mer.
Troupe de Matelots.
THETIS, *Nereïde.*
Quatre Aquillons.
EOLE, *Roi des Vents.*
Quatre Zephirs.
Troupe de Soldats de Licomede.

Troupe de Soldats Thessaliens.
APOLLON.
LES ARTS.
Troupe de Femmes affligées.
Troupe d'Hommes desolez.
DIANE.
MERCURE.
CARON.
LES OMBRES.
PLUTON.
PROSERPINE.
L'OMBRE D'ALCESTE.
Suivans de Pluton, chantans, dançans & volans.
ALECTON, *l'une des Furies.*
Chœur des peuples de la Grece.
Les neuf Muses.
Les Jeux.
Troupe de Bergers & de Bergeres.
Troupe de Pastres.

LE RETOUR DES PLAISIRS.

PROLOGUE.

LE Theatre represente le Palais & les Jardins des Thuilleries ; la Nymphe de la Seine paroît appuyée sur une Urne au milieu d'une allée dont les Arbres sont separez par les Fontaines.

LA NYMPHE DE LA SEINE.

LE Heros que j'attens ne reviendra-t-il pas ?
Serai-je toujours languissante
Dans une si cruelle attente ?
Le Heros que j'attens ne reviendra-t-il pas ?
  On n'entend plus d'Oyseau qui chante,
On ne voit plus de Fleurs qui naissent sous nos pas,
Le Heros que j'attens ne reviendra-t-il pas ?
  L'herbe naissante
  Paroît mourante,
Tout languit avec moi dans ces lieux pleins d'appas ?
Le Heros que j'attens ne reviendra-t-il pas ?
  Serai-je toujours languissante
  Dans une si cruelle attente ?
Le Heros que j'attens ne reviendra-t-il pas ?

  Quel bruit de guerre m'épouvente ?
Quelle Divinité va descendre ici bas ?

PROLOGUE.

La Gloire paroît au milieu d'un Palais brillant, qui descend au bruit d'une harmonie guerriere.

LA NYMPHE DE LA SEINE.

Helas ! superbe Gloire, helas !
Ne dois-tu point être contente ?
Le Heros que j'attens ne reviendra-t-il pas ?
Il ne te suit que trop dans l'horreur des Combats ;
Laisse en paix un moment sa valeur triomphante.
Le Heros que j'attens ne reviendra-t-il pas ?
Serai-je toujours languissante
Dans une si cruelle attente ?
Le Heros que j'attens ne reviendra-t-il pas ?

LA GLOIRE.

Pourquoi tant murmurer ? Nymphe, ta plainte est vaine,
Tu ne peux voir sans moi le Heros que tu sers ;
Si son éloignement te coûte tant de peine,
Il récompense assez les douceurs que tu pers ;
Voi ce qu'il fait pour toi quand la Gloire l'emmeine ;
Voi comme sa Valeur a soûmis à la Seine
Le Fleuve le plus fier qui soit dans l'Univers.

LA NYMPHE DE LA SEINE.

On ne voit plus ici paroître
Que des Ornemens imparfaits ;
Ah ! rends-nous notre Auguste Maître,
Tu nous rendras tous nos attraits.

LA GLOIRE.

Il revient, & tu dois m'en croire ;
Je lui sers de guide avec soin :
Puisque tu vois la Gloire
Ton Heros n'est pas loin.

PROLOGUE.

Il laisse respirer tout le Monde qui tremble ;
Soyons ici d'accord pour combler ses desirs.

LA GLOIRE ET LA NYMPHE DE LA SEINE.

Qu'il est doux d'accorder ensemble
La Gloire & les Plaisirs.

LA NYMPHE DE LA SEINE.

Nayades, Dieux des Bois, Nymphes, que tout s'assemble,
Qu'on entende nos chants aprés tant de soupirs,

La Nymphe des Thuilleries s'avance avec une Troupe de Nymphes qui dancent, les Arbres s'ouvrent, & font voir les Divinitez Champêtres qui jouent de differents Instruments, & les Fontaines se changent en Nayades qui chantent.

Le Chœur.

Qu'il est doux d'accorder ensemble
La Gloire & les Plaisirs.

LA NYMPHE DES THUILLERIES.

L'Art d'accord avec la Nature
Sert l'Amour dans ces lieux charmans:
Ces eaux qui font rêver par un si doux murmure,
Ces Tapis où les Fleurs forment tant d'ornemens,
Ces Gazons, ces Lits de verdure,
Tout n'est fait que pour les Amans.

La Nymphe de la Marne Compagne de la Seine, vient chanter au milieu d'une troupe de Divinitez de Fleuves qui témoignent leur joie par leur dance.

LA NYMPHE DE LA MARNE.

L'Onde se presse
D'aller sans cesse

Jusqu'au bout de son cours :
S'il faut qu'un Cœur suive une pante,
En est-il qui soit plus charmante
Que le doux penchant des Amours ?

LA GLOIRE ET LA NYMPHE DE LA SEINE.

Que tout retentisse,
Que tout réponde à nos voix :

LA NYMPHE DES THUILLERIES.

Que tout fleurisse
Dans nos Jardins & dans nos Bois.

LA NYMPHE DE LA MARNE.

Que le Chant des Oiseaux s'unisse
Avec le doux son des Hautbois.

Tous ensemble.

Que tout retentisse,
Que tout réponde à nos voix.
Que le Chant des Oyseaux s'unisse
Avec le doux son des Hautbois.
Que tout retentisse
Que tout réponde à nos voix.

Les Divinitez de Fleuves & les Nymphes forment une dance generale, tandis que tous les Instrumens & toutes les voix s'unissent.

Tous ensemble.

Quel Cœur sauvage
Ici ne s'engage ?
Quel Cœur sauvage
Ne sent point l'amour ?
Nous allons voir les Plaisirs de retour ;
Ne manquons pas d'en faire un doux usage :
Pour rire un peu, l'on n'est pas moins sage.

PROLOGUE.

Ah quel dommage
De fuir ce rivage !
Ah quel dommage
De perdre un beau jour !
Nous allons voir les Plaisirs de retour ;
Ne manquons pas d'en faire un doux usage :
Pour rire un peu, l'on n'est pas moins sage.
Revenez Plaisirs exilez ;
Volez, de toutes parts, volez.

Les Plaisirs volent, & viennent préparer des Divertissemens.

Fin du Prologue.

ACTE I.

La Scene est dans la Ville d'Yolcos en Thessalie.

Le Theatre represente un Port de Mer, où l'on voit un grand Vaisseau orné & preparé pour une Fête galante au milieu de plusieurs Vaisseaux de Guerre.

SCENE PREMIERE.

LE CHOEUR DES THESSALIENS, ALCIDE, LYCHAS.

Le Chœur.

Vivez, vivez, heureux Espoux.
LYCHAS.
Votre ami le plus cher épouse la Princesse.
La plus charmante de la Grece,
Lors que chacun les suit, Seigneur, les fuiez-vous ?

Le Chœur.

Vivez, vivez, heureux Epoux.

TRAGEDIE.

LYCHAS.

Vous paroissez troublé des cris qui retentissent ?
Quand deux Amans heureux s'unissent
Le Chœur du grand Alcide en seroit-il jaloux ?

Le Chœur.

Vivez, vivez, heureux Epoux.

LYCHAS.

Seigneur, vous soupirez, & gardez le silence ?

ALCIDE.

Ah Lycas, laisse-moi partir en diligence.

LYCHAS.

Quoi dés ce même jour presser votre départ ?

ALCIDE.

J'aurai beau me presser je partirai trop tard,
Ce n'est point avec toi que je prétens me taire ;
Alceste est trop aimable, elle a trop sçu me plaire,
Un autre en est aimé, rien ne flatte mes vœux,
C'en est fait, Admete l'épouse,
Et c'est dans ce moment qu'on les unit tous deux,
Ah, qu'une ame jalouse
Eprouve un tourment rigoureux !
J'ai peine à l'exprimer moi-même :
Figure-toi, si tu le peux,
Quelle est l'horreur extrême
De voir ce que l'on aime
Au pouvoir d'un Rival heureux

LYCHAS.

L'Amour est-il plus fort qu'un Heros indomptable ?
L'Univers n'a point eu de Monstre redoutable
Que vous n'aiez pu surmonter.

ALCIDE.
Eh crois-tu que l'Amour soit moins à redouter?
Le plus grand cœur a sa foiblesse.
Je ne puis me sauver de l'ardeur qui me presse
Qu'en quittant ce fatal séjour ;
Contre d'aimables charmes
La valeur est sans armes,
Et ce n'est qu'en fuiant qu'on peut vaincre l'Amour.

LYCHAS.
Vous devez vous forcer au moins à voir la Fête
Qui déja dans ce Port vous paroît toute prête.
Votre fuite à present feroit un trop grand bruit;
Differez jusques à la nuit.

ALCIDE.
Ah Lycas! quelle nuit! ah quelle nuit funeste!

LYCHAS
Tout le reste du jour voicy encore Alceste.

ALCIDE.
La voir encore?... hé bien differons mon départ,
Je te l'avois bien dit, je partirai trop tard.
Je vais la voir aimer un Epoux qui l'adore,
Je verrai dans leurs yeux un tendre empressement :
Que je vais paier cherement
Le plaisir de la voir encore!

SCENE II.

ALCIDE, STRATON, & LYCHAS
ensemble.

L'Amour a bien des maux, mais le plus grand de tous,
  C'est le tourment d'être jaloux.

SCENE III.

STRATON, LYCHAS.

STRATON.

Lychas, j'ai deux mots à te dire.

LYCHAS.
Que veux-tu ? parle ; je t'entens.

STRATON.
Nous sommes amis de tout temps ;
Céphise, tu le sais, me tient sous son Empire,
Tu suis par tout ses pas : qu'est-ce que tu prétens ?

LYCHAS.
Je prétens rire.

STRATON.
Pourquoi veux-tu troubler deux cœurs qui sont contens ?

LYCHAS.
Je prétens rire
Tu peux à ton gré t'enflamer;
Chacun a sa façon d'aimer;
Qui voudra soupirer, soupire,
Je prétens rire.
STRATON.
J'aime, & je suis aimé : laisse en paix nos amours,
LYCHAS.
Rien ne doit t'allarmer s'il est bien vrai qu'on t'aime;
Un Rival rebuté donne un plaisir extrême.
STRATON.
Un Rival tel qu'il soit importune toujours.
LYCHAS.
Je voi ton amour sans colere,
Tu devrois en user ainsi :
Puisque Céphise t'a sçu plaire,
Pourquoi ne veux-tu pas qu'elle me plaise aussi ;
STRATON.
A quoi sert-il d'aimer ce qu'il faut que l'on quitte ?
Tu ne peux demeurer long-temps dans cette Cour.
LYCHAS.
Moins on a de momens à donner à l'Amour.
Et plus il faut qu'on en profite.
STRATON.
J'aime depuis deux ans avec fidelité :
Je puis croire sans vanité,
Que tu ne dois pas être un Rival qui m'alarme.
LYCHAS.
J'ai pour moi la nouveauté,
En amour c'est un grand charme.
STRATON.
Céphise m'a promis un cœur tendre & constant.
LYCHAS.
Céphise m'en promet autant.
STRATON.
Ah si je le croiois !... Mais tu n'es pas croiable.

TRAGEDIE.
LYCHAS.
Crei-moi, fais ton profit d'un reste d'amitié,
Sers-toi d'un avis charitable
Que je te donne par pitié.
STRATON.
Le mépris d'un volage
Doit être un assez grand mal,
Et c'est un nouvel outrage
Que la pitié d'un Rival.
Elle vient l'infidelle,
Pour chanter dans les jeux dont je prens soins ici.
LYCHAS.
Je te laisse avec elle,
Il ne tiendra qu'à toi d'être mieux éclairci.

SCENE IV.
CE'PHISE, STRATON.
CE'PHISE.
Dans ce beau jour, quelle humeur sombre
Fais-tu voir à contre-temps ?
STRATON.
C'est que je ne suis pas du nombre
Des Amans qui sont contens.
CE'PHISE.
Un ton grondeur & severe
N'est pas un grand agrément ;
Le chagrin n'avance guere
Les affaires d'un Amant.

STRATON.

Lychas vient de me faire entendre
Que je n'ai plus ton cœur, qu'il doit seul y prétendre,
Et que tu ne vois plus mon amour qu'à regret ?

CEPHISE.

Lychas est peu discret...

STRATON.

Ah ! je m'en doutois bien qu'il vouloit me surprendre.

CEPHISE.

Lychas est peu discret
D'avoir dit mon secret.

STRATON.

Comment ! il est donc vrai ! tu n'en fais point d'excuse ?
Tu me trahis ainsi sans en être confuse ?

CEPHISE.

Tu te plains sans raison ;
Est-ce une trahison
Quand on te desabuse ?

STRATON.

Que je suis étonné de voir ton changement !

CEPHISE.

Si je change d'Amant
Qu'y trouves-tu d'étrange ?
Est-ce un sujet d'étonnement
De voir une Fille qui change ?

STRATON.

Aprés deux ans passez dans un si doux lien,
Devois-tu jamais prendre une chaîne nouvelle ?

CEPHISE.

Ne comtes-tu pour rien
D'être deux ans fidelle ?

STRATON.

Par un espoir doux & trompeur
Pourquoi m'engageois-tu dans un amour si tendre ?
Faloit-il me donner ton cœur
Puisque tu voulois le reprendre ?

CEPHISE.

TRAGEDIE. 145
CEPHISE.
Quand je t'offrois mon cœur, c'étoit de bonne foi,
Que n'empêche-tu qu'on te l'ôte?
Est-ce ma faute,
Si Lychas me plaît plus que toi?
STRATON.
Ingrate, est-ce le prix de ma perseverance?
CEPHISE.
Essaie un peu de l'inconstance :
C'est toi qui le premier m'apris à m'engager,
Pour récompense,
Je te veux apprendre à changer.

STRATON & CEPHISE.

Il faut { aimer / changer } toûjours.

Les plus douces amours

Sont les amours { fidelles, / nouvelles. }

Il faut { aimer / changer } toûjours.

Tome I.   G

SCENE V.

LICOMEDE, STRATON, CEPHISE.

LICOMEDE.

STraton, donne ordre qu'on s'aprête
Pour commencer la Fête.

*Straton se retire, & Licomede parle
à Cephise.*

Enfin, grace au dépit, je goûte la douceur
De sentir le repos du retour dans mon cœur.
J'étois à préferer au Roi de Thessalie ;
Et si pour sa gloire on publie
Qu'Apollon autrefois lui servit de Pasteur,
Je suis Roi de Scyros, & Thetis est ma Sœur.
J'ai sçu me consoler d'un hymen qui m'outrage,
J'en ordonne les jeux avec tranquilité.
Qu'aisément le dépit dégage
Des fers d'une ingrate Beauté !
Et qu'après un long esclavage,
Il est doux d'être en liberté !

CEPHISE.

Il n'est pas sûr toûjours de croire l'apparence :
Un cœur bien pris, & bien touché,
N'est pas aisément détaché,
Ni si-tôt gueri que l'on pense ;
Et l'amour est souvent caché,
Sous une sainte indifference.

TRAGEDIE. 147
LICOMEDE.
Quand on est sans esperance,
On est bien-tôt sans amour,
Mon Rival a la preference,
Ce que j'aime est en sa puissance,
Je perds tout espoir en ce jour :
Quand on est sans esperance,
On est bien-tôt sans amour.

Voici l'heure qu'il faut que la Fête commence,
Chacun s'avance,
Préparons-nous.

SCENE VI.

LE CHOEUR, ADMETE, ALCESTE, PHERES, ALCIDE, LYCHAS, CEPHISE, & STRATON.

Le Chœur.

Vivez, vivez, heureux Epoux.
PHERES.
Joüissez des douceurs du nœud qui vous assemble.
ADMETE & ALCESTE.
Quand l'hymen & l'amour sont bien d'accord ensemble
Que les nœuds qu'ils forment sont doux ?
Le Chœur.
Vivez, vivez, heureux époux.

G 2

SCENE VII.

Des Nymphes de la mer & des Tritons, viennent faire une Fête Marine, où se mêlent des Matelots & des Pescheurs.

Deux Tritons.

Malgré tant d'orages,
Et tant de naufrages,
Chacun à son tour
S'embarque avec l'amour,
Par tout où l'on meine
Les cœurs amoureux,
On voit la mer pleine
D'écueils dangereux ;
Mais sans quelque peine
On n'est jamais heureux :
Une ame constante
Aprés la tourmente
Espere un beau jour.
Malgré tant d'orages,
Et tant de naufrages,
Chacun à son tour
S'embarque avec l'amour.

Un cœur qui differe
D'entrer en affaire,
S'expose à manquer,
Le temps de s'embarquer,
Une ame commune
S'étonne d'abord,
Le soin l'importune,
Le calme l'endort ;

TRAGEDIE. 149

Mais quelle fortune
Fait-on sans quelque effort ?
Est-il un commerce
Exempt de traverse ?
Chacun doit risquer.
Un cœur qui diffère
D'entrer en affaire,
S'expose à manquer
Le temps de s'embarquer.

Cephise vétuë en Nymphe de la mer, chante au milieu des Divinitez Marines qui lui répondent.

Jeunes cœurs laissez-vous prendre
Le péril est grand d'attendre,
Vous perdez d'heureux momens
En cherchant à vous défendre ;
Si l'amour a des tourmens
C'est la faute des amans.

Une Nymphe de la mer chante avec Cephise.

Plus les ames sont rebelles
Plus leurs peines sont cruelles,
Les plaisirs doux & charmants
Sont le prix des cœurs fidelles :
Si l'amour a des tourmens
C'est la faute des amans.

LICOMEDE à Alceste.

On vous aprête
Dans mon vaisseau
Un divertissement nouveau.

LICOMEDE & STRATON.

Venez voir ce que notre Fête
Doit avoir de plus beau.

Licomede conduit Alceste dans son Vaisseau, Straton y meine Cephise, & dans le tems qu'Admette, & Alcide y veulent passer, le pont s'enfonce dans la mer.

ADMETE & ALCIDE.

Dieux! le pont s'abîme dans l'eau.

Le Chœur des Thessaliens.

Ah! quelle trahison funeste.

ALCESTE & CEPHISE.

Au secours, au secours.

ALCIDE.

Perfide....

ADMETE.

Alceste....

ALCIDE & ADMETE.

Laissons les vains discours.
Au secours, au secours.

Les Thessaliens courent s'embarquer pour suivre Licomede.

Le Chœur des Thessaliens.

Au secours, au secours.

SCENE VIII.

THETIS, ADMETE.

THETIS sortant de la mer.

Epoux infortuné redoute ma colere,
Tu vas hâter l'instant qui doit finir tes jours ;
C'est Thetis que la mer revere,
Que tu vois contre toi du parti de son Frere.
Et c'est à la mort que tu cours.

ADMETE courant s'embarquer.
Au secours, au secours.

THETIS.
Puisqu'on méprise ma puissance,
Que les vents déchaînez,
Que les flots mutinez
S'arment pour ma vengeance.

Thetis rentre dans la mer, & les Aquilons excitent une tempête, qui agite les Vaisseaux qui s'efforcent de poursuivre Licomede.

SCENE IX.

EOLE, LES AQUILONS, LES ZEPHIRS.

EOLE.

Le Ciel protege les Heros ;
Allez Admete, allez Alcide ;
Le Dieu qui sur les Dieux preside,

ALCESTE,

M'ordonne de calmer les flots:
Allez, poursuivez un perfide.

  Retirez-vous,
  Vents en courroux,
Rentrez dans vos prisons profondes;
Et laissez regner sur les Ondes
 Les zéphirs les plus doux.

L'orage cesse, les Zephirs volent & font fuir les Aquilons qui tombent dans la mer avec les nuages qu'ils en avoient elevez, & les Vaisseaux d'Alcide & d'Admete poursuivent Licomede.

Fin du premier Acte.

ACTE II.

La Scene est dans la Ville de Scyros, & le Theatre represente la Ville principale de l'Isle.

SCENE PREMIERE.

CEPHISE, STRATON.

CEPHISE.

ALCESTE ne vient point, & nous devons attendre.
STRATON.
Que peut-elle prétendre ?
Pourquoi se tourmenter ici mal à propos ?
Ses cris ont beau se faire entendre,
Peut-être son époux a péri dans les flots,
Et nous sommes enfin dans l'Isle de Scyros.
CEPHISE.
Tu ne te plaindras point que j'en use de même :
Je t'ai donné peu d'embarras,
Tu vois comme je suis tes pas.
STRATON.
Tu sçais dissimuler une colere extrême.
CEPHISE.
Et si je te disois que c'est toi seul que j'aime ?

STRATON.

Tu le dirois en vain, je ne te croirois pas.

CEPHISE.

Croi-moi, si j'ai feint de changer
C'étoit pour te mieux engager.
Un Rival n'est pas inutile,
Il réveille l'ardeur & les soins d'un Amant ;
Une conquête facile
Donne peu d'empressement,
Et l'Amour tranquile
S'endort aisément.

STRATON.

Non, non, ne tente point une seconde ruse,
Je voi plus clair que tu ne crois.
On excuse d'abord un Amant qu'on abuse ;
Mais la sotise est sans excuse
De se laisser tromper deux fois.

CEPHISE.

N'est-il aucun moien d'apaiser ta colere ?

STRATON.

Consens à m'épouser, & sans retardement.

CEPHISE.

Une si grande affaire
Ne se fait pas si promptement
Un hymen qu'on differe
N'en est que plus charmant.

STRATON.

Un hymen qui peut plaire
Ne coûte guere,
Et c'est un nœud bien-tôt formé ;
Rien n'est plus aisé que de faire
Un Epoux d'un Amant aimé.

CEPHISE.
Je t'aime d'une amour sincere;
Et s'il est necessaire,
Je m'offre à t'en faire un serment.
STRATON.
Amusement, amusement.
CEPHISE.
L'injuste enlevement d'Alceste,
Attire dans ces lieux une Guerre funeste,
Les plus braves des Grecs arment pour son secours:
Au milieu des cris & des larmes,
L'hymen a peu de charmes:
Attendons de tranquiles jours.
Le bruit affreux des armes,
Effarouche bien les amours.
STRATON.
Discours, discours, discours.
Tu n'as qu'à m'épouser pour m'ôter tout ombrage.
Pourquoi differer davantage?
A quoi servent tant de façons?
CEPHISE.
Rends-moi la liberté pour m'épouser sans crainte;
Un hymen fait avec contrainte,
Est un mauvais moien de finir tes soupçons.
STRATON.
Chansons, chansons, chansons.

SCENE II.

LICOMEDE, ALCESTE, STRATON, CEPHISE, *Soldats de Licomede.*

LICOMEDE.

Allons, allons, la plainte est vaine.
ALCESTE.
Ah ! quelle rigueur inhumaine !
LICOMEDE.
Allons, je suis sourd à vos cris,
Je me venge de vos mépris.
ALCESTE.
Quoi, vous serez inexorable ?
LICOMEDE.
Cruelle, vous m'avez appris
A devenir impitoyable.

ALCESTE.
Est-ce ainsi que l'amour a sçu vous émouvoir ?
Est-ce ainsi que pour moi votre ame est attendrie ?

LICOMEDE.
L'amour se change en furie,
Quand il est au desespoir,
Puisque je perds toute esperance,
Je veux desesperer mon Rival à son tour :
Et les douceurs de la vengeance
Ont dequoi consoler les rigueurs de l'amour.

ALCESTE.
Voiez la douleur qui m'accable.

LICOMEDE.
Vous avez sans pitié regardé ma douleur,
Vous m'avez rendu miserable,
Vous partagerez mon malheur.

ALCESTE.
Admete avoit mon cœur dés ma plus tendre enfance ;
Nous ne connoissions pas l'amour ni sa puissance,
Lors que d'un nœud fatal il vint nous enchaîner :
Ce n'est pas une grande offence,
Que le refus d'un cœur qui n'est plus à donner.

LICOMEDE.
Est-ce aux Amants qu'on desespere
A devoir rien examiner ?
Non, je ne puis vous pardonner
D'avoir trop sçû me plaire.
Que ne m'ont point coûté vos funestes attraits !
Ils ont mis dans mon cœur une cruelle flame,
Ils ont arraché de mon ame
L'innocence & la paix
Non, ingrate, non, inhumaine,
Non, quelle que soit votre peine,
Non, je ne vous rendrai jamais
Tous les maux que vous m'avez faits.

STRATON.
Voici l'ennemi qui s'avance
En diligence.

LICOMEDE.
Préparons-nous
A nous défendre.

ALCESTE.
Ah cruel, que n'épargnez-vous
Le sang qu'on va répandre !

LICOMEDE & ses Soldats.
Périssons tous.
Plûtôt que de nous rendre.

Licomede contraint Alceste d'entrer dans la Ville, Cephise la suit, & les Soldats de Licomede ferment la Porte de la Ville aussi-tôt qu'ils y sont entrez.

SCENE III.

ADMETE, ALCIDE, LYCHAS,
Soldats assiegeans.

ADMETE & ALCIDE.

Marchez, marchez, marchez.
Aprochez, Amis, aprochez,
Marchez, marchez, marchez.
Hâtons-nous de punir des Traîtres,
Rendons-nous maîtres
Des murs qui les tiennent cachez:
Marchez, marchez, marchez.

TRAGEDIE.

SCENE IV.

LICOMEDE, STRATON,
Soldats assiegez.

ADMETE, ALCIDE, LYCHAS,
Soldats assiegeans.

LICOMEDE *sur les remparts.*

Ne prétendez pas nous surprendre,
Venez, nous allons vous attendre;
Nous ferons tous notre devoir
Pour vous bien recevoir.
STRATON, *& les Soldats assiegez.*
Nous ferons tous notre devoir
Pour vous bien recevoir.
ADMETE.
Perfide, évite un sort funeste,
On te pardonne tout si tu veux rendre Alceste.
LICOMEDE.
J'aime mieux mourir, s'il le faut,
Que de ceder jamais cet objet plein de charmes.
ADMETE & ALCIDE.
A l'assaut, à l'assaut.
LICOMEDE & STRATON.
Aux armes, aux armes.

Les Assiegeans.

A l'assaut, à l'assaut.

ALCESTE,

Les Assiegez.

Aux armes, aux armes.

ADMETE, ALCIDE, & LICOMEDE.
A moi, Compagnons, à moi.

ADMETE & LICOMEDE.
A moi, suivés votre Roi.

ALCIDE.
C'est Alcide
Qui vous guide.

ADMETE, ALCIDE, & LICOMEDE.
A moi, Compagnons, à moi.

On fait avancer des beliers, & autres machines de guerre pour battre la place.

Tous ensemble.

Donnons, donnons de toutes parts.

Les Assiegeans.

Que chacun à l'envi combatte,
Que l'on abatte
Les tours, & les remparts.

Tous ensemble.

Donnons, donnons de toutes parts.

Les Assiegez.

Que les ennemis pêle-mêle,
Trébuchent sous l'affreuse grêle
De nos fléches, & de nos dards.

Tous.

Donnons, donnons de toutes parts,
Courage, courage, courage,
Ils sont à nous, ils sont à nous.

ALCIDE.
C'est trop disputer l'avantage,
Je vais vous ouvrir un passage,
Suivés-moi tous, suivés-moi tous.

Tous ensemble.

Courage, courage, courage,
Ils sont à nous, ils sont à nous.

Les Assiegez voiant leurs remparts à demi abattus, & la porte de la Ville enfoncée, font un dernier effort dans une sortie pour repousser les Assiegeans.

Les Assiegeans.

Achevons d'emporter la place ;
L'ennemi commence à plier.
Main basse, main basse, main basse.

Les Assiegez rendant les armes.

Quartier, quartier, quartier.

Les Assiegeans.

La Ville est prise.

Les Assiegez.

Quartier, quartier, quartier.

LYCHAS *terrassant* STRATON.

Il faut rendre Cephise.

STRATON.

Je suis ton prisonnier,
Quartier, quartier, quartier.

SCENE V.

PHERES armé, & marchant avec peine.

Courage Enfans, je suis à vous;
Mon bras va seconder vos coups:
Mais ç'en est déja fait, & l'on a pris la Ville;
La foiblesse de l'âge a retardé mes pas;
  La valeur devient inutile
  Quand la force n'y répond pas.
   Que la Vieillesse est lente.
   Les efforts qu'elle tente
   Sont toûjours impuissans;
C'est une charge bien pesante
Qu'un fardeau de quatre-vingt ans.

SCENE VI.

ALCIDE, ALCESTE, CEPHISE, PHERES, LYCHAS, STRATON enchaîné.

ALCIDE à PHERES.

Rendez à votre fils cette aimable Princesse.
PHERES.
Ce don de votre main seroit encore plus doux.
ALCIDE.
Allez, allez, la rendre à son heureux époux.

ALCESTE.
Tout est soûmis, la guerre cesse;
Seigneur, pourquoi me laissez-vous?
Quel nouveau soin vous presse?

ALCIDE.
Vous n'avez rien à redouter,
Je vais chercher ailleurs des Tyrans à dompter.

ALCESTE.
Les nœuds d'une amitié pressante,
Ne retiendront-ils point votre ame impatiente?
Et la Gloire toûjours vous doit-elle emporter?

ALCIDE.
Gardez-vous bien de m'arrêter.

ALCESTE.
C'est votre valeur triomphante
Qui fait le sort charmant que nous allons goûter;
Quelque douceur que l'on ressente,
Un ami tel que vous l'augmente,
Voulez-vous si-tôt nous quitter?

ALCIDE.
Gardez-vous bien de m'arrêter.
Laissez, laissez-moi fuir un charme qui m'enchante;
Non, toute ma vertu n'est pas assez puissante
Pour répondre d'y resister.
Non, encore une fois, Princesse trop charmante,
Gardez-vous bien de m'arrêter.

SCENE VII.

ALCESTE, PHERES, CEPHISE.

A trois.

Cherchons Admete promptement.

ALCESTE.

Peut-on chercher ce qu'on aime
Avec trop d'empressement !
Quand l'amour est extrême,
Le moindre éloignement,
Est un cruel tourment.

ALCESTE, PHERES, & CEPHISE.

Cherchons Admete promptement.

SCENE VIII.

ADMETE *blessé*, CLEANTE, ALCESTE, PHERES, CEPHISE, *Soldats*.

ALCESTE.

O Dieux ! quel spectacle funeste !

CLEANTE.
Le chef des Ennemis mourant, & terrassé,
De sa rage expirante a ramassé le reste,
Le Roi vient d'en être blessé.

ADMETE.
Je meurs, charmante Alceste,
Mon sort est assez doux
Puis que je meurs pour vous.

ALCESTE.
C'est pour vous voir mourir que le Ciel me délivre !

ADMETE.
Avec le nom de votre Epoux
J'eusse été trop heureux de vivre ;
Mon sort est assez doux
Puis que je meurs pour vous.

ALCESTE.
Est-ce là cet Hymen si doux, si plein d'appas,
Qui nous promettoit tant de charmes ?
Faloit-il que si-tôt l'aveugle sort des armes
Tranchât des nœuds si beaux par un affreux trépas ?
Est-ce là cet Hymen si doux, si plein d'appas !
Qui nous promettoit tant de charmes ?

ADMETE.

Belle Alceste ne pleurez pas,
Tout mon sang ne vaut point vos larmes.

ALCESTE.

Est-ce là cet hymen si doux, si plein d'appas,
Qui nous promettoit tant de charmes?

ADMETE.

Alceste, vous pleurez.

ALCESTE.

Admete, vous mourez.

ADMETE & ALCESTE ensemble.

Alceste, vous pleurez?
Admete, vous mourez.

ALCESTE.

Se peut-il que le Ciel permette,
Que les cœurs d'Alceste & d'Admete
Soient ainsi séparez?

ADMETE & ALCESTE.

Alceste, vous pleurez,
Admete, vous mourez.

SCENE IX.

APOLLON, LES ARTS, ADMETE, ALCESTE, PHERES, CEPHISE, CLEANTE, Soldats.

APOLLON environné des Arts.

La lumiere aujourd'hui te doit être ravie;
Il n'est qu'un seul moien de prolonger ton sort;
Le destin me promet de te rendre la vie,
Si quelqu'autre pour toi veut s'offrir à la mort.

Reconnoît si quelqu'un t'aime parfaitement !
Sa mort aura pour prix une immortelle gloire :
Pour en conserver la memoire
Les Arts vont élever un pompeux monument.

Les Arts qui sont autour d'Apollon se séparent sur des nuages differens, & tous descendent pour élever un Monument superbe, tandis qu'Apollon s'envole.

Fin du second Acte.

ACTE III.

Le Theatre est un grand Monument élevé par les Arts. Un Autel vuide paroît au milieu pour servir à porter l'Image de la personne qui s'immolera pour Admete.

SCÉNE PREMIERE.

ALCESTE, PHERES, CEPHISE

ALCESTE.

AH! pourquoi nous séparez-vous?
Eh du moins attendez que la Mort nous sépare;
Cruels, quelle pitié barbare
Vous presse d'arracher Alceste à son Epoux?
Ah! pourquoi nous séparez-vous?

PHERES, & CEPHISE.

Plus votre Epoux mourant voit d'amour, & d'appas,
Et plus le jour qu'il perd lui doit faire d'envie;
Ce sont les douceurs de la vie
Qui font les horreurs du trépas.

ALCESTE
Les Arts n'ont point encore achevé leur ouvrage;
Cet Autel doit porter la glorieuse Image
  De qui signalera sa foi
  En mourant pour sauver son Roi.
  Le prix d'une gloire immortelle
  Ne peut-il toucher un grand cœur?
  Faut-il que la Mort la plus belle
  Ne laisse pas de faire peur?
  A quoi sert la foule importune
  Dont les Rois sont embarassez?
  Un coup fatal de la Fortune
  Ecarte les plus empressez.

ALCESTE, PHERES, & CEPHISE.
  De tant d'Amis qu'avoit Admete
  Aucun ne vient le secourir;
  Quelque honneur qu'on promette
  On le laisse mourir.

PHERES.
  J'aime mon Fils, je l'ai fait Roi;
Pour prolonger son sort je mourrois sans effroi,
Si je pouvois offrir des jours dignes d'envie;
  Je n'ai plus qu'un reste de vie
Ce n'est rien pour Admete, & c'est beaucoup pour moi.

CEPHISE.
  Les honneurs les plus éclatans
En vain dans le Tombeau promettent de nous suivre,
  La Mort est affreuse en tout temps;
  Mais peut-on renoncer à vivre
  Quand on n'a vécu que quinze ans?

ALCESTE.
Chacun est satisfait des excuses qu'il donne:
  Cependant on ne voit personne
Qui pour sauver Admette ose perdre le jour:
Le Devoir, l'Amitié, le Sang tout l'abandonne,
  Il n'a plus d'espoir qu'en l'Amour.

Tome I.   H

SCENE II.

PHERES, LE CŒUR, CLEANTE.

PHERES.

Voions encor mon Fils, allons, hâtons nos pas;
Ses yeux vont se couvrir d'éternelles tenebres.

Le Chœur.

Helas! helas! helas!

PHERES.
Quels cris! quelles plaintes funebres!
Le Chœur.
Helas! helas! helas!
PHERES.
Où vas-tu? Cleante, demeure.
CLEANTE.
Helas! helas!
Le Roi touche à sa derniere heure,
Il s'affoiblit, il faut qu'il meure,
Et je viens pleurer son trépas.
Helas! helas!
Le Chœur.
Helas! helas! helas!
PHERES.
On le plaint, tout le monde pleure,
Mais nos pleurs ne le sauvent pas.
Helas! helas!
Le Chœur.
Helas! helas! helas!

SCENE III.

LE CHŒUR, ADMETE, PHERES, CLEANTE.

Le Chœur.

O Trop heureux Admete!
Que votre sort est beau!
PHERES & CLEANTE.
Quel changement! quel bruit nouveau!

Le Chœur.
O trop heureux Admete!
Que votre sort est beau!
PHERES & CLEANTE *voiant Admete guéri.*
L'effort d'une amitié parfaite
L'a sauvé du tombeau.
PHERES *embrassant Admete.*
O trop heureux Admete!
Que votre sort est beau!
Le Chœur.
O trop heureux Admete!
Que votre sort est beau!
ADMETE.
Qu'une pompe funebre
Rende à jamais celebre
Le genereux effort
Qui m'arrache à la mort.
Alceste n'aura plus d'allarmes,
Je reverrai ses yeux charmans
A qui j'ai coûté tant de larmes:
Que la vie a de charmes
Pour les heureux Amans!

Achevez, Dieux des Arts, faites-nous voir l'image
Qui doit éterniser la grandeur de courage,
De qui s'est immolé pour moi ;
Ne differez point davantage....
Ciel ! ô Ciel ! qu'est-ce que je voi !

L'Autel s'ouvre, & l'on voit sortir l'Image d'Alceste qui se perce le sein.

SCENE IV.
CEPHISE, ADMETE, PHERÈS, CLEANTE, LE CHOEUR.

CEPHISE.

Alceste est morte.

ADMETE.

Alceste est morte !

Le Chœur.

Alceste est morte.

CEPHISE.

Alceste a satisfait les Parques en couroux ;
Votre tombeau s'ouvroit, elle y descend pour vous,
Elle-même a voulu vous en fermer la porte ;
Alceste est morte.

ADMETE.

Alceste est morte !

Le Chœur.
Alceste est morte.
CEPHISE.
J'ai couru, mais trop tard pour arrêter ses coups :
Jamais en faveur d'un époux,
On ne verra d'ardeur si fidele & si forte ;
Alceste est morte.
ADMETE.
Alceste est morte !
Le Chœur.
Alceste est morte.
CEPHISE.
Sujets, Amis, Parens, vous abandonnoient tous ;
Sur les Droits les plus forts, sur les nœuds les plus doux,
L'amour, le tendre amour l'emporte :
Alceste est morte.
ADMETE.
Alceste est morte !
Le Chœur.
Alceste est morte.

Admete tombe accablé de douleur entre les bras de sa suite.

SCENE V.

Troupe de femmes affligées, Troupe d'hommes desolez, qui portent des fleurs, & tous les ornemens qui ont servi à parer Alceste.

Tous ensemble.
Formons les plus lugubres chants,
Et les regrets les plus touchants.
Une femme affligée.
La mort, la mort barbare
Détruit aujourd'hui mille appas.
Quelle Victime, helas !

Fut jamais si belle, & si rare ?
La mort, la mort barbare
Détruit aujourd'hui mille appas.

Un homme desolé.

Alceste si jeune & si belle,
Court se précipiter dans la nuit éternelle,
Pour sauver ce qu'elle aime elle a perdu le jour.

Le Chœur.

O trop parfait modelle
D'une épouse fidelle !
O trop parfait modelle
D'un veritable amour !

Une femme affligée.

Que notre zele se partage ;
Que les uns par leurs chants celebrent son courage ;
Que d'autres par leurs cris déplorent ses malheurs.

Le Chœur.

Rendons hommage
A son Image ;
Jettons des fleurs,
Versons des pleurs.

Une femme affligée.

Alceste, la charmante Alceste,
La fidelle Alceste n'est plus.

Le Chœur.

Alceste, la charmante Alceste,
La fidelle Alceste n'est plus.

Une femme affligée.

Tant de beautez, tant de vertus,
Meritoient un sort moins funeste.

Le Chœur.

Alceste, la charmante Alceste,
La fidelle Alceste n'est plus.

Un transport de douleur saisit les deux troupes affligées, une partie dechire ses habits, l'autre s'arrache les cheveux, & chacun brise au pied de l'image d'Alceste les ornemens qu'il porte à la main.

Le Chœur.

Rompons, brisons le triste reste
De ces ornemens superflus.
Que nos pleurs, que nos cris renouvellent sans cesse,
Allons porter par tout la douleur qui nous presse.

SCENE VI.

ADMETE, PHERES, CEPHISE, CLEANTE, Suite.

ADMETE, *revenu de son évanoüissement, & se voiant desarmé.*

Sans Alceste, sans ses appas,
Croiés-vous que je puisse vivre!
Laissés-moi courir au trépas
Où ma chere Alceste se livre.
Sans Alceste, sans ses appas,
Croiés-vous que je puisse vivre?
C'est pour moi qu'elle meurt, helas!
Pourquoi m'empêcher de la suivre?
Sans Alceste, sans ses appas,
Croiez-vous que je puisse vivre?

SCENE VII.

ALCIDE, ADMETE, PHERES, CEPHISE, CLEANTE.

ALCIDE.

TU me vois arrêté sur le point de partir,
Par les tristes clameurs qu'on entend retentir.
ADMETE.
Alceste meurt pour moi par une amour extrême,
Je ne reverrai plus les yeux qui m'ont charmé :
    Helas ! j'ai perdu ce que j'aime
    Pour avoir été trop aimé.
ALCIDE.
J'aime Alceste, il est tems de ne m'en plus défendre ;
Elle meurt, ton amour n'a plus rien à pretendre ;
Admete, cede-moi la beauté que tu perds :
Au Palais de Pluton j'entreprens de descendre ;
    J'irai jusqu'au fonds des enfers
    Forcer la mort à me la rendre.
ADMETE.
    Je verrois encore ses beaux yeux ?
Allez, Alcide, allez, revenez glorieux,
    Obtenez qu'Alceste vous suive :
    Le Fils du plus puissant des Dieux
Est plus digne que moi du bien dont on me prive.
    Allez, allez, ne tardez pas,
    Arrachez Alceste au trépas,
Et ramenez au jour son Ombre fugitive ;
Qu'elle vive pour vous avec tous ses apas,
Admete est trop heureux pourvu qu'Alceste vive.

PHERES, CEPHISE, CLEANTE.

Allez, allez, ne tardez pas,
Arrachez Alceste au trépas.

SCENE VIII.

DIANE, MERCURE, ALCIDE, ADMETE, PHERES, CEPHISE, CLEANTE.

La Lune paroît, son globe s'ouvre, & fait voir Diane sur un nuage brillant.

DIANE.

LE Dieu dont tu tiens la naissance
Oblige tous les Dieux d'être d'intelligence
En faveur d'un dessein si beau,
Je viens t'offrir mon assistance,
Et Mercure s'avance,
Pour t'ouvrir aux enfers un passage nouveau.

Mercure vient en volant fraper la terre de son caducée, l'Enfer s'ouvre, & Alcide y descend.

Fin du troisième Acte.

ACTE IV.

Le Theatre represente le fleuve Acheron, & ses sombres rivages.

SCENE PREMIERE.

CHARON, LES OMBRES.

CHARON *ramant sa barque.*

IL faut passer tôt ou tard,
Il faut passer dans ma barque.
On y vient jeune, ou vieillard,
Ainsi qu'il plaît à la Parque ?
On y reçoit sans égard,
Le Berger, & le Monarque.
Il faut passer tôt ou tard,
Il faut passer dans ma barque.
Vous qui voulez passer, venez, Manes errants,
Venez, avancez, tristes Ombres,
Paiez le tribut que je prens,
Ou retournés errer sur ces rivages sombres.
Les Ombres.
Passe-moi, Charon, passe moi.

TRAGEDIE.
CHARON.
Il faut auparavant que l'on me satisfasse,
On doit paier les soins d'un si penible emploi.
Les Ombres.
Passe-moi, Charon, passe-moi.

Charon fait entrer dans sa barque les Ombres qui ont dequoi le paier.

CHARON.
Donne passe, donne, passe,
Demeure, toi.
Tu n'as rien il faut qu'on te chasse.
Une Ombre rebuttée.
Une Ombre tient si peu de place.
CHARON.
Ou paie, ou tourne ailleurs tes pas.
L'Ombre.
De grace, par pitié, ne me rebutte pas.
CHARON.
La pitié n'est point ici bas,
Et Charon ne fait point de grace.
L'Ombre.
Helas ! Charon, helas ! helas !
CHARON.
Crie helas ! tant que tu voudras,
Rien pour rien, en tous lieux est une loi suivie ;
Les mains vuides sont sans appas ;
Et ce n'est point assez de paier dans la vie,
Il faut encore paier au-delà du trépas.
L'Ombre en se retirant.
Helas ! Charon, helas ! helas !
CHARON.
Il m'importe peu que l'on crie,
Helas ! Charon, helas ! helas !
Il faut encore paier au-delà du trépas.

H 6

SCENE II.

ALCIDE, CHARON, LES OMBRES.

ALCIDE *sautant dans la barque.*

Sortez, Ombres, faites-moi place,
Vous passerez une autre fois.

Les Ombres s'enfuient.

CHARON.
Ah ! ma barque ne peut souffrir un si grand poids !
ALCIDE.
Allons, il faut que l'on me passe.
CHARON.
Retire-toi d'ici, mortel, qui que tu sois,
Les Enfers irritez puniront ton audace.
ALCIDE.
Passe-moi, sans tant de façons.
CHARON.
L'eau nous gagne, ma Barque créve.
ALCIDE.
Allons, rame, dépêche, achéve.
CHARON.
Nous enfonçons.
ALCIDE.
Passons, passons.

SCENE III.

Le Theatre change, & repre-
sente le Palais de Pluton.

PLUTON, PROSERPINE,
l'Ombre d'Alceste, Suivans de Pluton.

PLUTON *sur son trône.*

Reçoi le juste prix de ton amour fidelle ;
Que ton destin nouveau soit heureux à jamais :
Commence de goûter la douceur éternelle
  D'une profonde paix.

Suivants de Pluton.

Commence de goûter la douceur éternelle
  D'une profonde paix.

Proserpine à côté de Pluton.

L'épouse de Pluton te retient auprés d'elle :
  Tous tes vœux seront satisfaits.

Suivants de Pluton.

Commence de goûter la douceur éternelle
  D'une profonde paix.

PLUTON & PROSERPINE.
En faveur d'une Ombre si belle,
Que l'Enfer fasse voir tout ce qu'il a d'attraits.

Suivants de Pluton.

En faveur d'une Ombre si belle
Que l'Enfer fasse voir tout ce qu'elle a d'attraits.

Les Suivants de Pluton se réjouissent de la venuë d'Alceste dans les Enfers, par une espece de Fête.

Suivants de Pluton.

Tout mortel doit ici paroître,
   On ne peut naître
   Que pour mourir :
De cent maux le trépas délivre :
   Qui cherche à vivre
   Cherche à souffrir.
Venés tous sur nos sombres bords,
   Le repos qu'on desire
   Ne tien son empire
   Que dans le séjour des morts.
Chacun vient ici bas prendre place,
   Sans cesse on y passe,
   Jamais on n'en sort.
C'est pour tous une loi necessaire ;
   L'effort qu'on peut faire
   N'est qu'un vain effort :
   Est-on sage
De fuïr ce passage ?
   C'est un orage
   Qui méne au port.
Chacun vient ici bas prendre place,
   Sans cesse on y passe,
   Jamais on n'en sort,
     Tous les charmes,
     Plaintes, cris, larmes,
     Tout est sans armes
     Contre la mort.
Chacun vient ici bas prendre place,
   Sans cesse on y passe,
   Jamais on n'en sort.

SCENE IV.

ALECTON, PLUTON, PROSERPINE,
l'Ombre d'Alceste, Suivans de Pluton.

ALECTON.

Quitez, quitez les jeux, songés à vous défendre,
Contre un audacieux unissons nos efforts :
Le fils de Jupiter vient ici de descendre,
Seul, il ose attaquer tout l'Empire des morts.

PLUTON.

Qu'on arrête ce temeraire,
Armés-vous, Amis, armés-vous :
Qu'on déchaîne, Cerbere,
Courez tous, courez tous.

On entend aboyer Cerbere.

ALECTON.

Son bras abat tout ce qu'il frape,
Tout cede à ses horribles coups,
Rien ne résiste, rien n'échape.

SCENE V.

ALCIDE, PLUTON, PROSERPINE, ALECTON, *Suivants de Pluton.*

PLUTON, *voiant Alcide qui enchaîne Cerbere.*

INsolent, jusqu'ici braves-tu mon couroux ?
Quelle injuste audace t'engage
A troubler la paix de ces lieux ?
ALCIDE.
Je suis né pour dompter la rage
Des Monstres les plus furieux.
PLUTON.
Est-ce le Dieu jaloux qui lance le Tonnerre
Qui t'oblige à porter la guerre
Jusqu'au centre de l'Univers ?
Il tient sous son pouvoir, & le Ciel & la Terre,
Veut-il encor ravir l'Empire des Enfers ?
ALCIDE.
Non, Pluton, regne en paix, jouïs de ton partage ;
Je viens chercher Alceste en cet affreux séjour,
Permets que je la rende au jour,
Je ne veux point d'autre avantage.
Si c'est te faire outrage
D'entrer par force dans ta Cour,
Pardonne à mon courage
Et fais grace à l'Amour.
PROSERPINE.
Un grand cœur peut tout quand il aime ;
Tout doit ceder à son effort.
C'est un arrêt du sort,

TRAGEDIE. 185

Il faut que l'amour extrême
Soit plus fort
Que la Mort.
PLUTON.
Les Enfers, Pluton lui-même,
Tout doit en être d'accord;
Il faut que l'amour extrême
Soit plus fort
Que la Mort.
Suivants de Pluton.
Il faut que l'amour extrême
Soit plus fort
Que la Mort.
PLUTON.
Que pour revoir le jour l'Ombre d'Alceste sorte;

Pluton donne un coup de son trident, & fait sortir son char.

Prenez place tous deux au char dont je me sers;
Qu'au gré de vos vœux, il vous porte;
Partez, les chemins sont ouverts,
Qu'une volante escorte
Vous conduise au travers
Des noirs vapeurs des Enfers.

Alcide & l'Ombre d'Alceste se placent sur le char de Pluton, qui les enleve sous la conduite d'une troupe volante de Suivants de Pluton.

Fin du quatriéme Acte.

ACTE V.

Le Theatre change, & represente un Arc de Triomphe au milieu de deux Amphiteatres, où l'on void une multitude de differens Peuples de la Grece assemblez pour recevoir Alcide triomphant des Enfers.

SCENE PREMIERE.

ADMETE, LE CHOEUR.

ADMETE.

Alcide est vainqueur du trépas,
L'Enfer ne lui resiste pas.
Il rameine Alceste vivante;
Que chacun chante,
Alcide est vainqueur du trépas,
L'Enfer ne lui resiste pas.

LE CHOEUR *sur l'Arc de Triomphe & sur les Amphiteatres.*

Alcide est vainqueur du trépas,
L'Enfer ne lui resiste pas.

ADMETE.

Quelle douleur secrette

Rend mon ame inquiete,
Et trouble mon amour.
Alceste voit encor le jour,
Mais c'est pour un autre qu'Admete.

Le Chœur.

Alcide est vainqueur du trépas,
L'enfer ne lui résiste pas.
ADMETE.
Ah ! du moins cachons ma tristesse ;
Alceste dans ces lieux raméne les plaisirs.
Je dois rougir de ma foiblesse,
Quelle honte à mon cœur de mêler des soûpirs,
Avec tant de cris d'allegresse.

Le Chœur.

Alcide est vainqueur du trépas,
L'Enfer ne lui résiste pas.
ADMETE.
Par une ardeur impatiente,
Courons, & devançons ses pas.
Il raméne Alceste vivante,
    Que chacun chante.

Admete, & le Chœur.

Alcide est vainqueur du trépas,
L'Enfer ne lui résiste pas.

SCENE II.

LYCHAS, STRATON *enchaîné.*

STRATON.

NE m'ôteras-tu point la chaîne qui m'accable,
Dans ce jour destiné pour tant d'aimables jeux!
   Ah! qu'il est rigoureux
   D'être seul miserable
  Quand on voit tout le monde heureux!
    LYCHAS *mettant Straton en liberté.*
Aujourd'hui qu'Alcide ramene
   Alceste des Enfers
   Je veux finir ta peine.
  Qu'on ne porte plus d'autres fers
Que ceux dont l'amour nous enchaîne.
    STRATON & LYCHAS.
  Qu'on ne porte plus d'autres fers,
Que ceux dont l'amour nous enchaîne.

SCENE III.

CEPHISE, LYCHAS, STRATON.

LYCHAS & STRATON.

VOi, Cephise, voi qui de nous
  Doit rendre ton destin plus doux,
  Et termine enfin nos querelles.

TRAGEDIE.
LYCHAS.
Mes amours seront éternelles.
STRATON.
Mon cœur ne sera plus jaloux.
LICHAS & STRATON.
Entre deux amans fidelles,
Choisis un heureux époux.
CEPHISE.
Je n'ai point de choix à faire ;
Parlons d'aimer & de plaire,
Et vivons toujours en paix.
L'hymen détruit la tendresse
Il rend l'amour sans attraits ;
Voulez-vous aimer sans cesse,
Amans, n'épousez jamais.
CEPHISE, LICHAS & STRATON.
L'hymen détruit la tendresse,
Il rend l'amour sans attraits ;
Voulez-vous aimer sans cesse,
Amans, n'épousez jamais.
CEPHISE.
Prenons part aux transports d'une joie éclatante:
Que chacun chante.

Tous ensemble.

Alcide est vainqueur du trépas,
L'Enfer ne lui résiste pas.
Il raméne Alceste vivante,
Que chacun chante.
Alcide est vainqueur du trépas,
L'Enfer ne lui résiste pas.

SCENE IV.

ALCIDE, ALCESTE, ADMETE, CEPHISE, LYCHAS, STRATON, PHERES, CLEANTE, LE CHOEUR.

ALCIDE.

Pour une si belle victoire
Peut-on avoir trop entrepris ?
Ah qu'il est doux de courir à la gloire
Lors que l'Amour en doit donner le prix !
Vous détournez vos yeux ! je vous trouve insensible ?
Admete a seul ici vos regards les plus doux ?

ALCESTE.

Je fais ce qui m'est possible
Pour ne regarder que vous.

ALCIDE.

Vous devez suivre mon envie,
C'est pour moi qu'on vous rend le jour.

ALCESTE.

Je n'ai pû reprendre la vie,
Sans reprendre aussi mon amour.

ALCIDE.

Admete en ma faveur vous a cedé lui-même.

ADMETE.

Alcide pouvoit seul vous ôter au trépas.
Alceste, vous vivez, je revoi vos appas,
Ai-je pû trop paier cette douceur extrême.

ADMETE & ALCESTE.

Ah ! que ne fait on pas

Pour sauver ce qu'on aime.
ALCIDE.
Vous soûpirez tous deux au gré de vos desirs ;
Est-ce ainsi qu'on me tient parole ?
ADMETE & ALCESTE ensemble.
Pardonnés aux derniers soûpirs
D'un malheureux amour qu'il faut qu'on vous immole.
ALCESTE.
ADMETE.
Il ne faut plus nous voir,

D'un autre que { de moi votre sort / de vous mon destin } doit dépendre.

Il faut dans les grands cœurs que l'amour le plus tendre
Soit la victime du devoir.
ALCESTE
ADMETE
Il ne faut plus nous voir.

Admete se retire, & Alceste offre sa main à Alcide, qui arrête Admete, & lui cede la main qu'Alceste lui presente.

ALCIDE.
Non, vous ne devés pas croire
Qu'un vainqueur des Tyrans soit Tyran à son tour :
Sur l'Enfer, sur la Mort, j'emporte la victoire ;
Il ne manque plus à ma gloire
Que de triompher de l'amour.
ADMETE & ALCIDE.
Ah ! quelle gloire extrême !
Quel heroïque effort !
Le vainqueur de la mort
Triomphe de lui-même.

SCENE V.

APOLLON, LES MUSES, LES JEUX, AL-CIDE, ADMETE, ALCESTE, & leur suite.

Apollon descend dans un Palais éclatant au milieu des Muses & des Jeux qu'il amene pour prendre part à la joie d'Admete & d'Alceste, & pour celebrer le triomphe d'Alcide.

APOLLON.

Les Muses & les Jeux s'empressent de descendre,
Apollon les conduit dans ces aimables lieux.
Vous, à qui j'ai pris soin d'aprendre,
A chanter vos amours sur le ton le plus tendre,
Bergers, chantez avec les Dieux.
Chantons, chantons, faisons entendre
Nos chansons jusques dans les Cieux.

SCENE DERNIERE.

Une Troupe de Bergers & de Bergeres, & une Troupe de Pastres, dont les uns chantent, & les autres dancent, viennent par l'ordre d'Apollon contribuer à la réjoüissance.

Les Chœurs des Muses des Thessaliens & des Bergers chantent ensemble.

Chantons, chantons, faisons entendre
Nos chansons jusques dans les Cieux.

STRA-

STRATON *chante au milieu des Pastres dançants.*

A Quoi bon
Tant de raison
Dans le bel âge ?
A quoi bon
Tant de raison
Hors de saison ?
Qui craint le danger
De s'engager
Est sans courage :
Tout rit aux Amans
Les jeux charmans
Sont leur partage :
Tôt, tôt, tôt, soions contens,
Il vient un tems
Qu'on est trop sage.

Cephise chante au milieu des Bergers & des Bergeres qui dancent.

C'Est la saison d'aimer
Quand on sçait plaire,
C'est la saison d'aimer
Quand on sçait charmer.
Les plus beaux de nos jours ne durent guere,
Le sort de la Beauté nous doit allarmer,
Nos champs n'ont point de fleur plus passagere ;
C'est la saison d'aimer
Quand on sçait plaire,
C'est la saison d'aimer
Quand on sçait charmer.
Un peu d'amour est necessaire,
Il n'est jamais trop tôt de s'enflamer ;
Nous donne-t-on un cœur pour n'en rien faire ?
C'est la saison d'aimer
Quand on sçait plaire,
C'est la saison d'aimer
Quand on sçait charmer.

La troupe de Bergers dance avec la troupe des Pastres. Les Chœurs se répondent les uns aux autres, & s'unissent enfin tous ensemble.

Les Chœurs.

Triomphez, genereux Alcide,
Aimez en paix heureux époux.
Que { toûjours la Gloire / sans cesse l'Amour } vous guide.
Jouissez à jamais des { honneurs / plaisirs } les plus doux.
Triomphez, genereux Alcide,
Aimez en paix, heureux Epoux.

Apollon vole avec les Jeux.

Fin du cinquiéme & dernier Acte.

THESEE,
TRAGEDIE
EN MUSIQUE.
ORNE'E
D'ENTRE'ES DE BALLET,
de Machines, & de Changemens
de Theatre.

Representée devant Sa Majesté à S. Germain en Laye le 3. Février 1675.

ACTEURS
DU PROLOGUE.

Chœur de Graces, de Plaisirs, & de Jeux.
Deux Graces.
Les Plaisirs, & les Jeux chantans.
BACCHUS.
VENUS.
CERES.
MARS.
BELLONE.
Troupe de Moissonneurs qui suivent Cerés.
Troupe de Silvains, & de Bacchantes qui suivent Bacchus.
Faunes de la suite de Bacchus dançans.
Bacchantes suivantes de Bacchus dançantes.
Suivantes de Cerés dançantes.

La Scene du prologue est dans les Jardins de Versailles.

PROLOGUE.

Le Theatre represente les Jardins & la Façade du Palais de Versailles.

Chœur d'Amour, de Graces, de Plaisirs, & de Jeux.

LEs Jeux & les Amours
Ne regnent pas toujours.

Un plaisir.

Le Maître de ces lieux n'aime que la victoire ;
Il en fait ses plus chers desirs :
Il neglige ici les plaisirs,
Et tous ses soins pour la gloire.

Le Chœur.

Les Jeux & les Amours
Ne regnent pas toujours.

Un plaisir.

C'étoit dans ces Jardins, au bord de ces Fontaines,

PROLOGUE.

Que l'aimable Mere d'amour
Esperoit d'établir sa bienheureuse Cour :
Mais ses esperances sont vaines.

Le Chœur.

Les Jeux & les amours
Ne régnent pas toujours.

Un des Jeux.

Ne nous écartons pas de ces charmantes plaines,
Allons nous retirer dans les bois d'alentour.

Trois de la troupe des Jeux.

Ah ! quelles peines
De quitter un si beau séjour !

Trois de la troupe des Plaisirs.

Le Maître de ces lieux n'aime que la victoire,
Il en fait ses plus chers desirs ;
Il néglige ici les plaisirs,
Et tous ses soins sont pour la Gloire.

Le Chœur.

Les Jeux & les Amours
Ne regnent pas toujours.

Les Amours, les Graces, les Plaisirs, & les Jeux se retirent.

VENUS.

Revenez, Amours, revenez ;
Pourquoi quitter ces lieux où l'on est sans allarmes ?
La Beauté perd ses plus doux charmes,
Si-tôt que vous l'abandonnez :

Revenez, Amours, revenez ;
Beaux lieux, où les Plaisirs suivoient par tout mes pas,

PROLOGUE.

Que sont devenus vos appas ?
Qu'un si charmant séjour est triste & solitaire !
Helas ! helas !
Les amours n'y sont pas,
Sans les amours, rien ne peut plaire.
Revenez, Amours, revenez ;
Quel chagrin si pressant vous a tous emmenez ?
Est-il quelque danger dont Mars ne vous délivre ?
Il chasse les Fureurs de ces lieux fortunez,
A la seule Victoire il permet de le suivre.
Revenez, Amours, revenez.

On entend des trompettes & des tambours dont le bruit se mêle au son de plusieurs instrumens champêtres. Cependant Mars paroît sur son char avec Bellone.

MARS *sur son char.*

Que rien ne trouble ici Venus & les Amours.
Que sous d'aimables Loix, dans ces douces retraites,
On passe en repos d'heureux jours :
Que les haut-bois, que les musettes
L'emportent sur les trompettes,
Et sur les tambours.
Que rien ne trouble ici Venus & les amours.

On n'entend plus le bruit des trompettes & des tambours ; & plusieurs instrumens champêtres joüent dans le tems que Mars descend.

MARS.

Partez, allez, volez, redoutable Bellone,
Laissez en paix ici les Amours & les Jeux ;
Que Cerés, que Bacchus s'avancent avec eux ;
Eloignez ce qui les étonne.
Portez aux Ennemis de cet Empire heureux
Tout ce que la Guerre a d'affreux :
Venus le veut, Mars vous l'ordonne.
Partez, allez, volez, redoutable Bellonne.

Bellone obéït, & s'envole.

PROLOGUE.

VENUS.

Inexorable Mars, pourquoi déchaînez-vous
Contre un Heros vainqueur tant d'ennemis jaloux ?
Faut-il que l'Univers avec fureur conspire
  Contre ce glorieux Empire
  Dont le séjour nous est si doux ?

Sans une aimable Paix peut-on jamais attendre
  De beaux jours ni d'heureux momens ?
   La plainte la plus tendre
  Les plus doux soupirs des amans,
Sont le seul bruit qu'on doit entendre
  En des lieux si charmans.

MARS.

Que dans ce beau Séjour rien ne vous épouvente,
Un nouveau Mars rendra la France triomphante,
Le Destin de la Guerre en ses mains est remis,
   Et si j'augmente
  Le nombre de ses Ennemis,
C'est pour rendre sa gloire encor plus éclatante.
Le Dieu de la Valeur doit toujours l'animer.

VENUS.

Venus répand sur lui tout ce qui peut charmer.

MARS.

Malheur, malheur, à qui voudra contraindre
  Un si grand Heros à s'armer.

VENUS.

Tout doit l'aimer.

MARS.

Tout doit le craindre.

VENUS, & MARS.

Tout doit le craindre,
Tout doit l'aimer.

PROLOGUE.

MARS, & VENUS.

Qu'il passe, au gré de ses desirs,
De la Gloire aux Plaisirs,
Des Plaisirs à la Gloire.
Venez, aimables Dieux, venez tous dans sa Cour.
Mêlez aux chants de Victoire
Les douces chansons de l'amour.

Bacchus & Cerés suivis de Moissonneurs, de Silvains & de Bacchantes, rameinent les Amours, les Graces, les Plaisirs, & les Jeux.

Le Chœur.

Mêlons aux chants de Victoire
Les douces chansons d'amour.

BACHUS, & CERE'S.

Que tout le reste de la terre
Porte envie au bonheur de ces Lieux pleins d'attraits.

Le Chœur.

Que tout le reste de la terre
Porte envie au bonheur de ces Lieux pleins d'attraits.

MARS, & VENUS.

Au milieu de la Guerre
Goûtons les plaisirs de la Paix.

Le Chœur.

Au milieu de la Guerre
Goûtons les plaisirs de la Paix.

La Troupe des Moissonneurs commence une dance agreable, & environne Cerés dans le temps qu'elle chante.

CERES.

Trop heureux qui moissonne
Dans les Champs des Amours !
Amans que rien ne vous étonne,
L'esperance est un grand secours :
Quand on vient à cueillir les fruits que l'amour donne
On est riche à jamais, & content pour toujours,
Trop heureux qui moissonne
Dans les Champs des Amours.

Bacchus chante au milieu des Silvains & des Bacchantes qui dançent.

BACHUS.

Pour les plus fortunez, pour les plus malheureux,
Dans l'Empire amoureux,
Le Dieu du vin est necessaire :
S'il prend part aux plaisirs, c'est pour les redoubler ;
Il charme les chagrins des cœurs qu'on desespere :
Bachus a dequoi consoler
De tous les maux qu'amour peut faire.

La troupe qui suit Cerés, & la troupe des suivans de Bachus se réunissent, & expriment ensemble leur joie par une dance, que les autres Dieux accompagnent de leurs chants; & tous enfin se retirent pour faire place, & pour prendre part au magnifique divertissement qui va paroître.

MARS, & VENUS.

Qu'il passe au gré de ses desirs
De la Gloire aux plaisirs,
Des plaisirs à la gloire ;
Venez, aimables Dieux, venez tous dans sa Cour ;
Mêlez aux chants de victoire
Les douces chansons d'amour.

Le Chœur.

Mêlons aux chants de victoire
Les douces chansons d'amour.

PROLOGUE.

BACHUS, & CERE'S.
Que tout le reste de la terre
Porte envie au bonheur de ces lieux pleins d'attraits.

Le Chœur.

Que tout le reste de la terre
Porte envie au bonheur de ces lieux pleins d'attraits.

MARS, & VENUS.
Au milieu de la guerre,
Goûtons les plaisirs de la paix.

Le Chœur.

Au milieu de la guerre,
Goûtons les plaisirs de la paix.

Fin du Prologue.

ACTEURS DE LA TRAGEDIE.

CHOEUR de Combattans.

ÆGLE', Princesse élevée sous la tutelle d'Ægée Roi d'Athenes.

CLEONE, Confidente d'Æglé.

ARCAS, Confident d'Ægée Roi d'Athenes.

La Grande Prêtresse de Minerve.

ÆGE'E, Roi d'Athenes.

Suivans d'Ægée.

Chœur de Prêtresses de Minerve.

Troupe de Sacrificateurs de Minerve.

MEDE'E, Princesse Magicienne.

DORINE, Confidente de Medée.

Chœur & troupe de la populace d'Athenes.

THESE'E, Fils inconnu d'Ægée Roi d'Athenes.

Un Fantôme.

Troupe de Lutins.

Chœur des Habitans des Enfers.

Des Spectres.

Les Furies.

Chœur & troupe d'Habitans heureux de l'Isle Enchantée.

Chœur & troupe d'Atheniens.

MINERVE.

Chœur de Divinitez qui accompagnent Minerve.

Un Grand Seigneur de la Cour d'Ægée.

Troupe des plus considerables Courtisans du Roi d'Athenes.

Troupe d'Esclaves.

La Scene est à Athenes.

THESEE,
TRAGEDIE.

ACTE I.

Le Theatre represente le Temple de Minerve.

SCENE PREMIERE.

Combattans que l'on entend & que l'on ne voit point.

Avançons, avançons, que rien ne nous étonne,
Frappons, perçons, frappons ; qu'on n'épargne personne ;
Il faut périr, il faut périr ;
Il faut vaincre, ou mourir.

SCENE II.

ÆGLE', *Combattans que l'on entend, & que l'on ne voit point.*

ÆGLE'.

Quel que soit mon destin il faut ici l'attendre,
Minerve, c'est à vous que je viens recourir,

Divinité qui devez prendre
Le soin de nous défendre,
Hâtez-vous de nous secourir.

Combattans.

Il faut vaincre, ou mourir.

ÆGLE'.

Ô Ciel ! ô juste Ciel ! vous est-il doux d'entendre
Ces cris pleins de fureur que je ne puis souffrir ?
Dieux ! aimez-vous à voir tant de sang se répandre ?

Combattans.

Il faut perir, il faut perir,
Il faut vaincre, ou mourir.

SCENE III.

CLEONE, ÆGLE', *Combattans que l'on entend & que l'on ne voit point.*

ÆGLE'.

Est-ce aux Atheniens, est-ce au Parti contraire,
Que l'avantage est demeuré ?
Dis-moi pour qui le Sort s'est enfin déclaré.
Ton silence me desespere.
CLEONE.
Pardonnez à la peur qui me force à me taire.
Mes yeux troublez d'effroi n'ont rien consideré :
Thesée est le Dieu tutelaire
Qui me donne en ce Temple un refuge assuré :
Je ne sais rien de plus, & j'ai crû beaucoup faire
De gagner en tremblant cet Azile sacré.
ÆGLE'.
Au milieu des clameurs, au travers du carnage,
Thesée a jusqu'ici conduit mes pas errants ;
Son genereux courage
A fait ses premiers soins de m'ouvrir un passage
Entre deux effroiables rangs
De morts & de mourants.
N'as-tu point admiré l'ardeur noble & guerriere
Dont il court au peril & s'expose au trépas ?
Ah ! qu'un jeune Heros dans l'horreur des Combats
Couvert de sang & de poussiere,
Aux yeux d'une Princesse fiere
A de charmans appas !
CLEONE.
Thesée est aimable, il vous aime ;
Tout cede à sa valeur extrême ;

Vous pouvez sans rougir souffrir à votre tour,
Que jusqu'à votre cœur il porte sa victoire.
Il n'est rien de si beau que les nœuds de l'amour,
Quand ils sont formez par la gloire.

ÆGLE', & CLEONE.

Il n'est rien de si beau que les nœuds de l'amour
Quand ils sont formez par la gloire.

Combattans.

Il faut périr, il faut périr,
Il faut vaincre, ou mourir.

SCENE IV.

ARCAS, ÆGLE', CLEONE.

ÆGLE'.

Le Ciel ne veut-t-il point mettre fin à nos peines?
Eclaircis-nous, Arcas, quel est le sort d'Athenes?
ARCAS.
Le combat dure encor, il est sanglant, affreux,
Et le succez en est douteux.
Le Roi m'a commandé de prendre
Le soin de l'avertir, s'il faloit vous défendre,
Et ce n'est que pour vous qu'il est touché d'effroi.
ÆGLE'.
Thesée est-il avec le Roi?
ARCAS.
Des plus fiers Ennemis il écarte la foule,
On reconnoît sa trace aux flots du sang qui coule;
Une grêle de traits ne l'a point retenu.

TRAGEDIE.
ÆGLE'.

O Dieux!....
Elle dit ce qui suit à Cleone.
Mon secret est connu ;
Je crains devant Arcas d'en faire trop entendre,
Cleone, s'il se peut, obtien qu'il aille apprendre
Ce que Thesée est devenu.

SCENE V.

CLEONE, ARCAS, *Combattans que l'on entend, & que l'on ne void point.*

CLEONE.

Laissons aller la Princesse,
Prier en paix la Déesse,
Arcas, je veux voir en ce jour
Jusqu'où va pour moi ton amour.
ARCAS.
Peux-tu douter de ma tendresse ?
CLEONE.
J'en doute encor, je le confesse.
Tu m'as fait des sermens cent fois
Que tu suivrois toujours mes loix,
Et qu'il te seroit doux de mourir pour me plaire ;
Mais la plûpart des amans
Sont sujets à faire
Bien des faux sermens.
ARCAS.
Tu n'as qu'à commander, tu seras satisfaite.
CLEONE.
Cherche Thesée, & sui ses pas

Jusqu'à sa victoire parfaite,
Où jusqu'à son trépas.
ARCAS.
D'où vient qu'en sa faveur son ame s'inquiete ?
CLEONE.
Si tu veux que je t'aime, Arcas,
Fai ce que je souhaite,
Et ne replique pas.
ARCAS.
Pour un autre que moi Cleone s'interesse ?
Prétens-tu que je sois un Amant qui me presse
De me charger d'un soin à mon amour fatal ?
C'est un plaisir charmant de servir sa Maîtresse,
Mais c'est un chagrin sans égal
De servir son Rival.
L'ordre du Roi m'engage
A prendre soin de vous.
CLEONE.
L'Ennemi jusqu'ici n'ose porter sa rage,
Tout le monde est aux mains, veux-tu seul fuir les coups ?
ARCAS.
Ce grand empressement me donne de l'ombrage.
CLEONE.
La Valeur à mes yeux a des charmes bien doux,
Et le moindre soupçon m'outrage :
Je ne veux point avoir d'Epoux
Qui soit jaloux,
Ni d'Amant qui soit sans courage.
ARCAS.
Faut-il qu'un Etranger ait pour toi tant d'appas ?
CLEONE.
Je te l'ai déja dit, & je te le repete,
Si tu veux que je t'aime, Arcas,
Fai ce que je souhaite,
Et ne replique pas.
ARCAS.
Hé bien, je suivrai ton envie,

J'en veux faire toujours ma loi ;
La peur de te déplaire est mon plus grand effroi ;
Je crains peu d'exposer ma vie,
Je ne puis hazarder rien qui ne soit à toi.

Combattans.

Avançons, avançons ; que rien ne nous étonne ;
Frappons, perçons, frappons, qu'on n'épargne personne ;
Il faut perir, il faut perir,
Il faut vaincre, ou mourir.

SCENE VI.

LA GRANDE PRESTRESSE DE MINERVE, ÆGLÉ, CLEONE, *Combattans que l'on entend & que l'on ne voit point.*

LA GRANDE PRESTRESSE.

Prions, prions la Déesse
De nous dégager
Du danger
Qui nous presse
Prions, prions la Déesse.

LA PRESTRESSE, ÆGLÉ, CLEONE.
Prions, prions la Déesse.

Combattans.
Mourez, mourez, perfides cœurs,
Tombez sous les coups des Vainqueurs.

LA GRANDE PRESTRESSE.
Dieux ! quelle barbarie !

THESE'E,

ÆGLE'.

Entendrons nous toujours ces horribles clameurs?

LA PRESTRESSE, ÆGLE', CLEONE.

Dieux! quelle barbarie!

Combattans.

Mourez, mourez, perfides cœurs,
Tombez sous les coups des Vainqueurs.

Un combattant.

Sauve un malheureux qui te prie.
Ah! je meurs! ah! je meurs!

**LA GRANDE PRESTRESSE,
ÆGLE', CLEONE.**

Dieux! quelle barbarie!

Un Combattant.

Ah je meurs! ah je meurs!
Sauve un malheureux qui te prie.

Combattans.

Mourez, mourez, perfides cœurs,
Tombez sous les coups des Vainqueurs.

LA GRANDE PRESTRESSE.

O Minerve! arrêtés la cruelle furie
Qui desole notre Patrie;
Ecartés loin de vous la Guerre & les horreurs;
Ciel! épargnez le sang, contentez-vous de pleurs.

**LA GRANDE PRESTRESSE,
ÆGLE', CLEONE.**

Ciel! épargnez le sang, contentez-vous de pleurs.

Combattans.

Liberté, liberté.
Victoire, victoire, victoire.
Courons, courons tous à la Gloire.
Combattons avec fermeté.
Défendons notre liberté.
Liberté, liberté.
Emportons la victoire.

Victoire, victoire, victoire.
Liberté, liberté.
Victoire, victoire, victoire.

SCENE VII.

ÆGE'E ROI D'ATHENES, LA GRANDE
PRESTRESSE, ÆGLE', CLEONE,
Suivans du Roi d'Athenes.

LE ROI.

Les Mutins sont vaincus, leurs Chefs sont immolés,
Leur vaine esperance est détruite.
Tous les Peuples voisins qu'ils avoient appellés
Sont dans nos fers, ou sont en fuite.

LA GRANDE PRESTRESSE.

Rendons graces aux Dieux.

Tous ensemble.

Rendons graces aux Dieux.

LA GRANDE PRESTRESSE.

Puisque le juste Ciel à nos vœux est propice,
Allons, empressons-nous d'offrir un sacrifice
A la divinité qui protege ces Lieux.
Rendons graces aux Dieux.

Tous ensemble.

Rendons graces aux Dieux.

SCENE VIII.

LE ROY, ÆGLÉ.

LE ROY.

Cessez, charmante Æglé, de répandre des larmes,
  Commençons après tant d'allarmes
  A joüir d'un destin plus doux :
Puisque je voi mon Throne affermi par les armes,
  J'y veux joindre de nouveaux charmes
  En le partageant avec vous.

ÆGLÉ.

Avec moi ! vous ! Seigneur !

LE ROY.

      Que votre trouble cesse.
C'est peut-être, un peu tard vouloir plaire à vos
  yeux,
Je ne suis plus au temps de l'aimable jeunesse,
  Mais je suis Roi, belle Princesse,
  Et Roi victorieux.
Faites grace à mon âge en faveur de ma gloire,
Voiez le prix du Rang qui vous est destiné :
La Vieillesse sied bien sur un Front couronné,
Quand on y voit briller l'éclat de la Victoire.
Parlez charmante Æglé parlés à votre tour.

ÆGLÉ.

  Depuis que j'ai perdu mon Pere
Vos soins ont prévenu mes vœux dans votre Cour.
Je dois vous respecter, Seigneur, je vous revere...

LE ROY.

Vous parlez de respect quand je parle d'amour.

LE ROI.
Je sai que lors qu'on la méprise,
On s'expose aux fureurs de ses ressentimens.
Toute la Nature est soumise
A ses affreux commandemens,
L'Enfer la favorise,
Elle confond les élemens,
Le Ciel même est troublé par ses enchantemens,
Mais j'ai fait élever en secret dans Trœzene
Un fils qui peut m'ôter de peine :
Je veux qu'en épousant Medée au lieu de moi,
Il dégage ma foi.

ÆGLE'.
Mais si malgré vos soins, Medée, ambitieuse,
Ne s'attache qu'au rang que vous me presentez.

LE ROI.
Que vous êtes ingenieuse
A trouver des difficultez !
Que Medée en fureur, s'arme, menace, tonne,
Il faut que ma main vous couronne
Quand il m'en coûteroit & l'Empire & le jour.
Un grand cœur qui se sent animé par l'amour,
Ne doit jamais trouver de péril qui l'étonne.
J'atreste Minerve à vos yeux,
J'atteste le Maître des Cieux,
Et sa foudroiante justice....

ÆGLE'.
Tout est prêt pour le sacrifice,
Chacun s'avance dans ces lieux,
Rendons graces aux Dieux.

SCENE IX.

LE ROI, ÆGLE', *Suivans du Roi,* CLEONE, *la grande Prêtresse de Minerve.*

La grande Prêtresse.

CEt Empire puissant que votre soin conserve
Vient reconnoître ici votre divin secours,
Favorable Minerve!
Protegez-nous toujours.

Le Chœur des Prêtresses.

Favorable Minerve!
Protegez-nous toujours.

La grande Prêtresse.

Le péril étoit redoutable:
Mais vous nous inspirez un courage indomptable
Qui de notre malheur a détourné le cours,
O Pallas favorable!
Protegez-nous toujours.

Le Chœur des Prêtresses.

O Pallas favorable!
Protegez-nous toujours.

La grande Prêtresse.

Il faut profiter
Du bonheur de nos armes,

C'est trop écouter
Le bruit des allarmes,
Le cours de nos larmes
Se doit arrêter,
Songeons à goûter
Un sort plein de charmes ;
Il faut profiter
Du bonheur de nos armes.

Le Chœur des Prêtresses.

Chantez tous en paix,
Chantez la victoire,
Et que la memoire
En vive à jamais ;
Chantez les attraits
Dont brille la Gloire ;
Chantez tous en paix,
Chantez la victoire.

La grande Prêtresse.

Le calme est bien doux
Aprés un grand orage.
La gloire est pour nous,
La honte & la rage
Seront le partage
Des voisins jaloux :
Tout cede à nos coups,
Tout cede au courage :
Le calme est bien doux
Aprés un grand orage.

Le Chœur des Prêtresses.

Chantons tour à tour
Dans ces lieux aimables
Des Dieux favorables
Y font leur séjour ;
Les seuls traits d'amour
Y sont redoutables :
Chantons tour à tour
Dans ces lieux aimables.

SCENE X.

LE ROI, ÆGLE', CLEONE, *Suivans du Roi, la grande Prêtresse, Chœur des Prêtresses, Sacrificateurs combattans, qui apportent les étendarts & les dépoüilles des ennemis vaincus.*

La grande Prêtresse.

O Minerve savante !
O Guerriere Pallas !
Que par votre faveur puissante
Une felicité charmante
Nous offre chaque jour mille nouveaux appas ;
O Minerve savante !
O Guerriere Pallas !

Les Chœurs.

Animez nos cœurs, & nos bras,
Rendez la victoire constante,
Conduisez nos Soldats,
Par tout, devant leurs pas,
Jettez le trouble & l'épouvente ;
O Minerve savante !
O Guerriere Pallas !

La grande Prêtresse.

Souffrez qu'un jeu sacré dans ces lieux vous presente
Une image innocente
De guerre & de combats.

Les Chœurs.

O Minerve savante !
O Guerriere Pallas !

On forme un combat à la maniere des anciens.

Les Chœurs.

Que la guerre sanglante
Passe en d'autres Etats,
O Minerve savante !
O Guerriere Pallas !
Que la foudre grondante
Détourne ses éclats ;
O Minerve savante !
O Guerriere Pallas !

La grande Prêtresse.

Puissions-nous voir toujours Athenes triomphante,
Puisse son Roi vainqueur des plus grands Potentats
La rendre heureuse & florissante.

Les Chœurs.

O Minerve savante !
O Guerriere Pallas !

Fin du premier Acte.

ACTE II.

Le Theatre change & represente le Palais d'Ægée Roi d'Athenes.

SCENE PREMIERE.

MEDE'E, DORINE.

MEDE'E.

Doux repos, innocente paix,
Heureux, heureux un cœur qui ne vous pert jamais !
L'impitoyable amour m'a toujours pourſuivie;
N'étoit-ce point aſſez des maux qu'il m'avoit faits !
Pourquoi ce Dieu cruel avec de nouveaux traits
Vient-il encor troubler le reſte de ma vie ?
Doux repos, innocente paix,
Heureux, heureux un cœur qui ne vous pert jamais !

DORINE.

Recommencez d'aimer, reprenez l'eſperance;
Theſée eſt un Heros charmant,
Mépriſez en l'aimant.
L'ingrat Jaſon qui vous offenſe.

Il faut par le changement
Punir l'inconstance,
C'est une douce vengeance
De faire un nouvel amant.
MEDE'E.
La gloire de Thesée à mes yeux paroît belle,
On l'a vû triompher dés qu'il a combatu;
Le destin de Medée est d'être criminelle,
Mais son cœur étoit fait pour aimer la vertu.
DORINE.
Le dépit veut que l'on s'engage
Sous de nouvelles loix,
Quand on s'abuse au premier choix;
On n'est pas volage
Pour ne changer qu'une fois.
MEDE'E.
Un tendre engagement va plus loin qu'on ne pense;
On ne voit pas lors qu'il commence
Tout ce qu'il doit coûter un jour :
Mon cœur auroit encor sa premiere innocence
S'il n'avoit jamais eu d'amour.

Mon Frere & mes deux Fils ont été les victimes
De mon implacable fureur;
J'ai rempli l'Univers d'horreur,
Mais le cruel amour a fait seul tous mes crimes.
DORINE.
Esperez de former de plus aimables nœuds.
Une cruelle experience
Vous aprend que l'amour est un mal dangereux;
Mais l'ennuyeuse indifference
Ne rend pas un cœur plus heureux.
Aimez, aimez Thesée, aimez sa gloire extrême.
MEDE'E.
Mais qui me répondra qu'il m'aime ?
DORINE.
Peut-il trouver un sort plus beau ?

K 4

MEDE'E.

Peut-être que mon cœur cherche un malheur nouveau.
Mon dépit, tu le sçais, dédaigne de se plaindre :
  Il est difficile à calmer,
  S'il venoit à se rallumer,
  Il faudroit du sang pour l'éteindre.

DORINE.

Que ne peut point Medée avec l'art de charmer ?

MEDE'E.

 Que puis-je ? helas ! parlons sans feindre.
Les Enfers quand je veux sont contraints à s'armer.
Mais on ne force point un cœur à s'enflamer ;
Mes charmes les plus forts ne sauroient l'y contraindre,
Ah ! je n'en ai que trop pour forcer à me craindre,
  Et trop peu pour me faire aimer.

SCENE II.

LE ROI, MEDE'E, DORINE, *Suivans du Roi.*

LE ROI.

JE voi le succez favorable
 Des soins que vous m'avez promis,
 Medée & son art redoutable,
Ont gardé ce Palais contre mes Ennemis.
J'ai differé long-tems de tenir ma promesse,
 Je dévrois être votre époux.

MEDE'E.

 L'Hymen n'a rien qui presse
 Ni pour moi, ni pour vous.

LE ROI.

Vous pouvez sans chagrin souffrir que je differe.
Avec un époux plein d'appas.
L'hymen a de la peine à plaire :
Quelle peur ne doit-il pas faire
Quand l'époux ne plaît pas ?
Desormais sans péril je puis faire paroître,
Un Fils que dans ma Cour je n'osois reconnoître.
Il peut venir dans peu de tems.

MEDE'E.

Laissons-là votre Fils, Seigneur, je vous entends.
La jeune Æglée vous paroit belle,
Chaque jour, je m'en apperçoi ;
Si vous m'abandonnez pour elle,
Thesée est seul digne de moi.

LE ROI, & MEDE'E.

Ne nous piquons point de constance ;
Consentons à nous dégager.
Goûtons d'intelligence
La douceur de changer.

MEDE'E.

Quand on suit une amour nouvelle,
C'est une trahison cruelle
De laisser dans l'engagement
Un cœur tendre & fidelle ;
Mais rien n'est si charmant
Qu'une inconstance mutuelle.

LE ROI, & MEDE'E.

Heureux deux amans inconstans,
Quand ils le sont en même tems.

SCENE III.

ARCAS, LE ROI, MEDE'E, DORINE,
Suivans du Roi.

ARCAS.

Seigneur, songez à vous.
LE ROI.
Quel malheur nous menace ?
ARCAS.
Thesée est si puissant qu'il peut vous allarmer,
Ses glorieux Exploits charment la populace,
Au lieu d'un Heritier qui manque à votre race,
Pour votre Successeur on le veut proclamer.
LE ROI.
Il faut arrêter cet audace.

SCENE IV.

DORINE, ARCAS.

DORINE.

Demeure, écoute un mot, Arcas.
ARCAS.
Mon devoir prés du Roi m'appelle,
Il faut que je suive ses pas.
DORINE.
Autrefois tu m'étois fidelle,

Tu jurois de m'aimer d'une ardeur éternelle.
ARCAS.
Nous sommes dans un tems de trouble & de combats.
DORINE.
Cleone a des appas,
On te voit souvent avec elle,
N'est-ce point une amour nouvelle
Qui fait ton embaras ?
Tu rougis ? tu ne réponds pas ?
ARCAS.
Mon devoir prés du Roi m'appelle,
Il faut que je suive ses pas.

SCENE V.

DORINE seule.

C'Est donc là tout le prix d'une amour trop sincere,
N'aimons jamais, ou n'aimons guére :
Il est dangereux d'aimer tant,
Ce n'est pas le plus sûr pour plaire.
Bien souvent on croit faire
Un amant heureux & content,
Et l'on ne fait qu'un inconstant.

SCENE VI.

DORINE. *Peuples qu'on entend crier.*
PEUPLES.

Regnez, Heros indomptable;
Regnez, rendez nous heureux.
DORINE.
Le peuple vient ici. Sa faveur est semblable
Au transport des cœurs amoureux;
L'ardeur des plus grands feux
N'est pas la plus durable.
PEUPLES.
Regnez, Heros indomptable,
Rendez, rendez nous heureux.

SCENE VII.

THESE'E *vient se réjoüir, accompagné de la populace d'Athenes, de la victoire que la valeur de Thesée a remportée, & le veut proclamer pour successeur d'Ægée.*

Le Chœur.

Que l'on doit être
Content d'avoir un maître
Vainqueur des plus grands Rois,
Que l'on entende
Chanter par tout ses exploits;
Joignons nos voix.
Que toûjours il nous deffende,
Qu'il triomphe qu'il commande,

Qu'il joüisse des douceurs
De regner sur tous les cœurs.

Deux Vieillards Atheniens.

Pour le peu de bon tems qui nous reste
Rien n'est si funeste
Qu'un noir chagrin.
Le plaisir se presente,
Chantons quand on chante,
Vivons au gré du Destin.
L'affreuse vieillesse
Qui doit voir sans cesse
La mort s'approcher,
Trouve assez la tristesse
Sans la chercher.
Achevons nos vieux ans sans allarmes ;
La vie a des charmes
Jusqu'à la fin.
Le plaisir se presente,
Chantons quand on chante,
Vivons au gré du destin.
L'affreuse vieillesse
Qui doit voir sans cesse
La mort s'approcher,
Trouve assez la tristesse
Sans la chercher.

Le Chœur.

Que la victoire
Le comble ici de gloire :
Suivons, aimons ces Loix.
Que l'on entende
Chanter par tout ses Exploits ;
Joignons nos voix.
Que toujours il nous défende,
Qu'il triomphe, qu'il commande,
Qu'il joüisse des douceurs
De regner sur tous les cœurs.

THESÉE,
THESÉE.
C'est assez, amis, c'est assez,
Allez, & que chacun en bon ordre se rende
Aux endroits qu'au besoin il faudra qu'il défende:
Allez, je suis content de vos soins empressez,
Si vous voulez que je commande,
Allez, allez, obéissez.

Les Peuples se retirent. Thesée veut entrer dans l'Appartement du Roi, Medée en sort qui arrête Thesée.

SCENE VIII.

MEDÉE, THESÉE.

MEDÉE.
Thesée où courez-vous ? que prétendez-vous faire ?
THESÉE.
Chercher le Roi, le voir & calmer sa colere.
MEDÉE.
Le Roi souffrira t-il que vous donniez la loi ?
THESÉE.
Il n'aura pas lieu de se plaindre,
Si l'on a trop d'ardeur pour moi,
C'est un feu que j'ai soin d'éteindre.
MEDÉE.
Vous êtes de trop bonne foi ;
Quand on a fait trembler un Roi,
Aprenez qu'on en doit tout craindre.
THESÉE.
Sans un charme puissant qui m'attache à sa Cour
J'irois chercher ailleurs une guerre nouvelle.
La Gloire m'enflamma dés que je vis le jour,

TRAGEDIE.

Tout mon cœur étoit fait pour elle ;
Mais dans un jeune cœur, la Gloire la plus belle
Fait aisément place à l'Amour.

MEDE'E.

Un peu d'amoureuse tendresse
Sied bien aux plus fameux Vainqueurs ;
Si l'Amour est une foiblesse,
C'est la foiblesse des grands cœurs.
Parlez, que rien ne vous allarme
J'obligerai le Roi de vous tout accorder.

THESE'E.

C'est la belle Æglé qui me charme,
Elle est l'unique prix que je veux demander.

MEDE'E.

C'est Æglé ? dites-vous, Æglé qui vous engage ?

THESE'E.

Je sai que la Grandeur a pour vous des attraits,
Regnez avec le Roi, régnez tous deux en paix,
Æglé, l'aimable Æglé, n'est qu'un trop beau partage.

MEDE'E.

Je crains pour votre amour un obstacle fatal.

THESE'E.

Si Medée est pour moi qui peut m'être contraire ?

MEDE'E.

Vous avez le Roi pour Rival.

THESE'E

Malgré sa foi promise Æglé pourroit lui plaire ?

MEDE'E.

Laissez-moi voir Æglé, laissez-moi voir le Roi,
Vous connoîtrez bien-tôt les soins que je vais prendre
Allez, allez, m'attendre,
Et fiez-vous à moi.

Thesée passe dans l'Appartement de Medée.

SCENE IX.

MEDE'E seule.

DEpit mortel, transport jaloux,
  Je m'abandonne à vous,
Et toi, meurs pour jamais, tendresse trop fatale;
Que le barbare Amour, que j'avois crû si doux,
Se change dans mon cœur en Furie infernale.
  Dépit mortel, transport jaloux,
   Je m'abandonne à vous.

Inventons quelque peine affreuse, & sans égale;
Préparons avec soin nos plus funestes coups.
Ah! si l'Ingrat que j'aime échape à mon couroux,
Au moins, n'épargnons pas mon heureuse Rivale.
  Dépit mortel, transport jaloux,
   Je m'abandonne à vous.

Fin du second Acte.

ACTE III.

SCENE PREMIERE.
ÆGLE' CLEONE.

CLEONE.

Vous allés voir bientôt votre Amant dans ces ces lieux.

ÆGLE'.

Je le verrai Victorieux.
Aprés de mortelles allarmes
Qu'un bien heureux retour est doux pour les Amans !
L'Amour s'accroît par les tourmens,
Les biens qu'il fait paier avec le plus de larmes
N'en deviennent que plus charmans.

CLEONE.

Thesée est triomphant, chacun le veut pour Maître.

ÆGLE'.

Ne verrai-je point paroître
Un si glorieux Vainqueur ?
Il négligera peut-être
La conquête de mon cœur.

CLEONE.

On n'est pas inconstant pour aimer la Victoire.
Si le passage est beau de l'Amour à la Gloire,
Rien n'est si doux que le retour
De la Gloire à l'Amour.

ÆGLE'.

Non, son amour n'est point extrême ;
Faut-il qu'il trouve ailleurs tant de soins importans ?

THESÉE,
Il n'ignore pas que je l'aime,
Il doit songer que je l'attens.
ÆGLÉ, & CLEONE.
La Gloire n'est que trop pressante,
Un Heros doit la suivre avec empressement;
Mais dés que la Gloire est contente,
L'Amour doit promptement
Ramener un Amant.

SCENE II.

ARCAS, ÆGLÉ, CLEONE.

ARCAS.

Le Roi m'ordonne de vous dire
Qu'il vous fera bien-tôt régner;
Rien ne trouble plus son Empire.
Vous tremblez ? votre cœur soupire ?
Le Roi tout vieux qu'il est n'est pas à dédaigner.
Lorsque par le feu du bel âge
Un jeune cœur se sent pressé,
Dans une ardente amour sans effort on l'engage;
On triomphe bien davantage
Quand on enflame un cœur que les ans ont glacé.

ÆGLÉ.
Si tu connois, Arcas, le trouble qui me presse,
Ne va point découvrir la peine où tu me vois.

CLEONE.
Si tu veux m'obliger, oblige la Princesse;
Fai, s'il se peut par ton adresse
Que le Roi tourne ailleurs son choix.

ARCAS.
Tu me donne toujours d'assez fâcheux emplois,

TRAGEDIE.
ÆGLE', CLEONE, & ARCAS.
Il n'est point de grandeur charmante
Sans l'Amour & sans ses douceurs;
Rien ne plaît, rien n'enchante,
Sans l'Amour & sans ses douceurs;
 Rien ne contente
 Les jeunes cœurs
Sans l'Amour & sans ses douceurs;
Il n'est point de grandeur charmante
Sans l'Amour & sans ses douceurs.

SCENE III.

MEDE'E, DORINE, ÆGLE', CLEONE, ARCAS.

MEDE'E.

PRincesse, savez-vous ce que peut ma colere
Quand on l'oblige d'éclater ?

ÆGLE'.

Je prétens ne rien faire
Qui vous doive irriter.

MEDE'E.

Et n'est-ce rien que de trop plaire ?

ÆGLE'.

Je renonce à l'hymen du Roi
Si je lui plais, c'est malgré moi.
Ce n'est point dans le rang suprême
Qu'on trouve les plus doux appas;
Et souvent un bonheur extrême,
Est plus sûr dans un rang plus bas.

MEDE'E.

Vous aimez donc Thesée ? ah ! n'en rougissez pas.

Il n'eſt que trop digne qu'on l'aime.
Je m'intereſſe en votre amour ;
Parlez, vous connoîtrés mon cœur à votre tour.

ÆGLE'.

J'avois toujours bravé l'Amour & ſa puiſſance
Avant que d'avoir vû ce Glorieux Vainqueur ;
Mais la Gloire & l'Amour tous deux d'intelligence
Ne ſont que trop puiſſans pour vaincre un jeune cœur.
Que votre ſoin au mien réponde,
J'eſpere que le Roi deviendra votre Epoux :
Regnez par ſon hymen dans une paix profonde,
Laiſſez-moi ce Heros ; mon ſort eſt aſſez doux ;
Quand vous poſſederiez tout l'Empire du monde,
Mon cœur n'en ſeroit point jaloux.

MEDE'E.

Mais enfin, ſi le Roi commande,
Vous êtes ſoumiſe à ſa Loi.

ÆGLE'.

Ma vie eſt au pouvoir du Roi,
Et je veux bien qu'elle en dépende,
Mais c'eſt en vain qu'il demande
Un cœur qui n'eſt plus à moi.

MEDE'E.

Vous m'en avez trop dit, il eſt temps qu'entre nous
La confidence ſoit égale.
Il faut vous dégager d'une chaîne fatale.

ÆGLE'.

La mort, la ſeule mort rompra des nœuds ſi doux.

MEDE'E.

Je veux que dés demain le Roi ſoit votre Epoux,
Vous aimez un Heros qui ne peut être à vous,
Et Medée eſt votre rivale ;
Prenez ſoin d'éviter mon funeſte courroux.

ÆGLE'.

Nos deux cœurs ſont unis par un amour fidelle.

MEDE'E.

En dépit de l'Amour, je les veux diviſer.

TRAGEDIE.

ÆGLE'.
La chaîne qui nous lie est si forte & si belle.
MEDE'E.
J'aurai plus de plaisir si je la puis briser.
ÆGLE'.
Non, j'aime mieux la mort, qu'une lâche inconstance,
Tout l'Enfer à mes yeux n'aura rien de si noir,
Malgré Medée & sa vengeance,
Mon amour fera son devoir.
MEDE'E.
Voions si vôtre amour est tel qu'il veut paroître,
Puisque vous le voulés vous allés me connoître ;
Je vais vous faire voir
Ce que c'est que Medée & quel est son pouvoir.

La Scene change, & represente un Desert épouvantable, rempli de Monstres furieux.

SCENE IV.

ÆGLE', CLEONE, ARCAS, DORINE.

ÆGLE', CLEONE, & ARCAS.

Dieux ! où sommes-nous !
CLEONE.
Que d'objets horribles !
ARCAS.
Quels Monstres terribles !
ÆGLE'.
Quel affreux courroux !
ÆGLE', CLEONE, & ARCAS.
Dieux où sommes-nous !
ÆGLE'.
Me laissez-vous, cruelle,

THESE'E,
Dans cette horreur mortelle!
Ah cruelle, où me laissez-vous?

ÆGLE', CLEONE, & ARCAS.
Dieux! où sommes-nous?

SCENE V.

CLEONE, ARCAS, DORINE.

CLEONE.
Contre ce Monstre qui m'allarme
Viens me défendre Arcas.
ARCAS.
Ne crains rien avant mon trépas.
O Ciel! on me desarme!

Un Fantôme emporte l'Epée d'Arcas.

Tu peux beaucoup ici, belle Dorine, helas!
Ne l'abandonne pas.
CLEONE & ARCAS.
Belle, Dorine, helas!
Ne { m'abandonne / l'abandonne } pas.
DORINE.
Il est bon d'être necessaire;
C'est un charme puissant pour plaire
Où peu de cœurs ont resisté;
Un grand secours qu'on espere
Est un grand trait de beauté.
ARCAS.
Ce n'est pas d'aujourd'hui que je te trouve belle.
CLEONE.
Où pourroit-il voir plus d'attraits?
DORINE.
Je sais trop votre amour nouvelle.

TRAGEDIE.

ARCAS & CLEONE.
Non, non, je le promets,
Non, je ne l'aimerai jamais.
DORINE.
Pour se tirer de peine
Chacun promet assez :
Mais la promesse est vaine
Lorsque les perils sont passez.
ARCAS & CLEONE.
Ne doute point de ma promesse.
DORINE.
Non, je ne prétens point regagner desormais
D'un si volage Amant la trompeuse tendresse;
Non, non, je le promets,
Non, je ne l'aimerai jamais.
CLEONE, ARCAS, & DORINE.
Non, non, je le promets,
Non, je ne l'aimerai jamais.

SCENE VI.

MEDE'E, CLEONE, ARCAS, DORINE.

MEDE'E.

Qu'on ne me trouble point, qu'on leur ouvre un passage.
C'est sur d'autres que vous que doit tomber ma rage,
Fuiez de ce funeste lieu.
CLEONE, & ARCAS.
Adieu, Dorine, adieu.

SCENE VII.

Medée invoque les Habitans des Enfers.

MEDE'E.

Sortés, Ombres, sortés de la nuit éternelle.
Voiés le jour pour le troubler.
Hâtés-vous d'obéïr quand ma voix vous appelle,
Que l'affreux desespoir, que la rage cruelle
Prennent soin de vous assembler.
Sortés, Ombres, sortés de la nuit éternelle.

Chœur des Habitans des Enfers.

Sortons de la nuit éternelle.

MEDE'E.

Venés Peuple infernal, venés,
Avancés malheureux coupables,
Soiés aujourd'hui déchaînés ;
Goûtés l'unique bien des cœurs infortunés,
Ne soiés pas seuls miserables.

Le Chœur.

Goûtons l'unique bien des cœurs infortunez ;
Ne soions pas seuls miserables.

MEDE'E.

Redoublés en ce jour le soin que vous prenés
De mes vengeances redoutables.

Le Chœur.

Ordonnés, ordonnés.

MEDE'E.

Ma Rivale m'expose à des maux effroiables ;
Qu'elle ait part aux tourmens qui vous sont destinez ;
Tous les Enfers impitoiables
Auront peine à former des horreurs comparables

Aux

Aux troubles qu'elle m'a donnez ;
Goûtons l'unique bien des cœurs infortunez,
Ne soions pas seuls miserables.

Le Chœur.

Goûtons l'unique bien des cœurs infortunez,
Ne soions pas seuls miserables.

Les habitans des Enfers expriment la douceur qu'ils trouvent dans les ordres que Medée leur donne, de donner des fraieurs, & de faire de la peine à Æglé.

Le Chœur.

ON nous tourmente
Sans cesse aux Enfers,
Que l'on ressente
Nos feux & nos fers,
Tout doit se troubler,
Tout doit trembler.
   La colere
Ne laisse jamais
Nos cœurs en paix ;
Les plaintes qu'on peut faire
Nous doivent toûjours plaire,
Et nous ne plaignons guere
Les yeux qui sont en pleurs :
   Dans la rage,
Les maux qu'on partage
Ne sont pas sans douceurs.

On nous déchaîne,
Suivons nos fureurs ;
Dans notre peine
Troublons tous les cœurs.
Un grand desespoir
Est doux à voir.
   La colere,
Ne laisse jamais
Nos cœurs en paix ;

Les plaintes qu'on peut faire
Nous doivent toûjours plaire,
Et nous ne plaignons guere
Les yeux qui sont en pleurs ;
  Dans la rage,
Les maux qu'on partage
Ne sont pas sans douceurs.

SCENE VIII.

ÆGLÉ, *Habitans des Enfers.*

Les Habitans des Enfers épouventent Æglé, elle les fuit, & ils la suivent.

Le Chœur.

Que tout fremisse ;
Qu'avec nous tout gemisse :
Quelle douceur de voir souffrir !

ÆGLÉ.

Ah ! quel effroiable suplice !
Faites-moi promptement mourir.

Le Chœur.

Que tout fremisse :
Qu'avec nous tout gémisse :
Quelle douceur de voir souffrir !

Fin du troisiéme Acte.

ACTE IV.

SCENE PREMIERE.
ÆGLE', MEDE'E.
ÆGLE'.

Ruelle, ne voulez-vous pas
Faire cesser ma peine ?
Au moins, achevez, inhumaine,
Achevez mon trépas.
MEDE'E.
Satisfaites le Roi, contentez mon envie,
Si vous voulez sortir de cet affreux séjour.
ÆGLE'.
Helas ! laissez-moi mon amour,
Prenez plûtôt ma vie.
MEDE'E.
Ma rage en vous perdant ne peut être assouvie,
C'est grace, c'est pitié de vous ôter le jour.
ÆGLE'.
Vous aurez beau me poursuivre,
Vous aurez beau m'allarmer,
Ce n'est qu'en cessant de vivre
Que je puis cesser d'aimer.
MEDE'E.
Achevés de savoir dequoi je suis capable ;
La plus horrible mort n'a rien de comparable
Au coup qui vous menace en ce fatal instant :
Moi-même j'en fremis tant il est effroiable.
ÆGLE'.
Est-ce un crime si punissable
D'avoir un cœur tendre & constant ?

MEDE'E.
Il n'est que trop aisé de percer un cœur tendre;
Toute ma rage enfin va paroître à vos yeux.
ÆGLE'.
Quel spectacle vient me surprendre?
C'est Thesée endormi qu'on transporte en ces lieux.

Thesée conduit par des Spectres paroît endormi.

SCENE II.

MEDE'E, ÆGLE', THESE'E *endormi.*

MEDE'E.
Venez à mon secours implacables Furies.
Que le sang innocent recommence à couler;
Il faut encor nous signaler.
Par de nouvelles barbaries,
Venez à mon secours implacables Furies.

Les Furies sortent tenant un tison ardent d'une main, & un couteau de l'autre.

SCENE III.

MEDE'E, ÆGLE', THESE'E
endormi, les Furies.

ÆGLE'.
Faut-il voir contre moi tous les Enfers armez?
MEDE'E.
Tremblez en aprenant quel est votre suplice.
Votre Amant va perir, c'est vous qui m'animez
A m'en faire à vos yeux un affreux sacrifice.

ÆGLÉ.
Vous pouvez vouloir qu'il perisse?
Et vous dites que vous l'aimez?
MEDE'E.
Il faut voir qui des deux l'aimera davantage,
Plûtôt que le céder, j'aime mieux que la mort
En fasse entre nous le partage,
Et l'amour n'en est que plus fort
Quand il passe jusqu'à la rage.
Elle parle aux Furies.
Dépechez, achevez votre sanglant ouvrage.
ÆGLÉ.
Arrêtez, retenez leurs coups,
J'épouserai le Roi, je suivrai votre envie:
Je céde ce Heros, que son cœur soit à vous,
Rien ne m'est si cher que sa vie.
MEDE'E.
Mais aurez-vous bien le pouvoir
De lui paroître ingrate, insensible, volage?
ÆGLÉ.
C'est luy faire un cruel outrage,
J'aimerois mieux ne le point voir.
MEDE'E.
Non, il faut lui montrer une ame déloiale
Qui l'immole sans peine à la grandeur royale,
Tandis que je feindrai d'agir en sa faveur:
Enfin je veux gagner son cœur
Par le secours de ma Rivale.
ÆGLÉ
Dieux! quelle contrainte fatale!
MEDE'E.
Pour le prix de ses jours attirez ses mépris,
Ou je vais...
ÆGLÉ.
Non, qu'il vive, il n'importe à quel prix:
Je veux tout, je puis tout pour sauver ce que j'aime;
Mon amour vous promet de se trahir lui-même.

MEDE'E.

Cessez donc de trembler : voiez en ce moment
Changer ces lieux affreux en un séjour charmant.

Les Furies rentrent dans les Enfers, le Theatre change & represente une Isle enchantée.

SCENE IV.

MEDE'E, THESE'E, ÆGLE.

MEDE'E *touchant Thesée de sa baguette Magique.*

Voiez ce que j'ai soin de faire
Pour servir ici votre amour,

THESE'E *éveillé.*

Où suis-je ? quels jardins ! quel aimable séjour !

MEDE'E.

J'ai voulu vous aider à plaire.

THESE'E *se voiant sans épée.*

Mon épée ?... ah rendez-la moi.

MEDE'E.

On va vous l'apporter. Si vous craignez le Roi,
Je serai vos plus fortes armes.

THESE'E.

Après tout ce que je vous doi...
Il apperçoit Æglé.
Est-ce vous ? ma Princesse, est-ce vous que je voi ?
Mais où détournez-vous vos regards pleins de char‑
mes ?

MEDE'E.

Quoi ? vous ne tournez pas les yeux
Sur un amant si glorieux ?

THESE'E.

Belle Æglé, dites-moi, quel crime ai-je pû faire ?

MEDE'E.
N'apprehendez-vous point qu'on ose se venger?
THESE'E.
Non, elle aura beau m'outrager,
Elle me sera toujours chere.
MEDE'E.
Tant d'amour ne vous touche pas?
Ingrate, croiez-vous qu'un trône ait plus d'appas?
THESE'E.
Vous m'aviez tant promis de n'être point legere?
MEDE'E.
Dequoi ne vient point à bout
Un Roi qui veut plaire?
La constance ne tient guere
Contre un amant qui peut tout.

Le Roi doit redouter que mon dépit n'éclate:
Pour regagner son cœur, je vais encor le voir.
Essaiez, cependant, d'attendrir cette ingrate:
Si tous nos soins unis ne peuvent l'émouvoir,
Votre amour seul peut-être aura plus de pouvoir.

SCENE V.
THESE'E, ÆGLE'.
THESE'E.

Æglé ne m'aime plus, & n'a rien à me dire
Qu'avés-vous fait des nœuds que l'amour fit
pour nous?
Quoi pour les briser tous,
Un jour, un seul jour peut suffire?
J'aurois abandonné le plus puissant Empire
Pour garder des liens si doux.
ÆGLE'.
Cessez d'aimer une volage;

THESE'E,
Servés-vous de votre courage
Pour chercher un plus heureux sort.
THESE'E
Je ne m'en servirai que pour chercher la mort,
Si la belle Æglé m'est ravie
Je ne prétens plus rien :
Je pers l'unique bien
Qui m'auroit fait aimer la vie.
ÆGLE'.
Helas !
THESE'E.
Ah ! quel soupir échape à votre cœur ?
ÆGLE'.
Ce soupir échapé n'est que pour la Grandeur.
THESE'E.
Vos beaux yeux répandent des larmes ?
ÆGLE'.
Non, non, sans m'attendrir je verrai vos douleurs,
THESE'E.
Vous voulez me cacher vos pleurs ?
Pourquoi m'en dérober les charmes ?
ÆGLE'.
Ah ! que vous me donnez de mortelles allarmes ?
On vous a peut-être entendu
Thesée, & vous êtes perdu.
THESE'E.
On ne nous entend point, non, ma belle Princesse,
Si vous m'aimés toujours ne craignez rien pour moi.
ÆGLE'.
Que nous paierons cher l'excés de ma tendresse ?
Il y va de vos jours j'épouserai le Roi.
THESE'E.
C'est trop aprehender que le Roi ne s'irrite;
Il faut vous dire tout, l'Amour m'en sollicite;
Je suis fils du Roi.
ÆGLE'.
Vous, Seigneur !
THESE'E.
Je n'ai montré d'abord que ma seule Valeur,

TRAGEDIE.

C'étoit à mon propre merite
Que je voulois devoir ma gloire & votre cœur.

ÆGLÉ.

Le Roi, le Monde entier prendroient en vain les armes,
Il n'est rien de si fort que Medée, & ses charmes,
Nous sommes les objets de ses transports jaloux.
S'ils n'en vouloient qu'à moi je les braverois tous,
Mais ils m'ont sçu frapper par où je suis sensible.

THESÉE.

Quoi, le Roi sera votre Epoux ?

ÆGLÉ.

Je ne puis vous sauver sans cet Hymen horrible.

THESÉE.

Laissez armer plûtôt tout l'Enfer en couroux ;
Le trépas est cent fois plus doux
Qu'un secours si terrible ;
Vivez pour moi, s'il est possible,
Ou laissés-moi mourir pour vous.

ÆGLÉ, & THESÉE.

Quel injustice !
Que de tourmens !
Ah quel suplice
De Briser des nœuds si charmans !

SCENE VI.

MEDÉE, THESÉE, ÆGLÉ.

MEDÉE *sortant tout à coup d'un nuage.*

Finissez vos regrets, c'est trop, c'est trop vous plaindre,
Je viens d'entendre tout, il n'est plus temps de feindre.

ÆGLÉ.

Pardonnez à l'Amour qui ne m'a pas permis
De tenir ce que j'ai promis.

THESE'E,

THESE'E.
Vengez-vous sur moi seul de notre amour extrême.

ÆGLE'.
C'est par mon seul trépas qu'il faut nous desunir.

THESE'E.
Sa vie est la faveur que je veux obtenir.

ÆGLE'.
Conservez ce Heros, sauvez-le pour vous-même.

THESE'E, & ÆGLE'.
Epargnés ce que j'aime,
C'est moi, c'est moi qu'il faut punir.

MEDE'E.
Je vous aime, Thesée, & vous l'allez connoître,
Le crime enfin commence à me paroître affreux,
Je respecte de si beaux nœuds,
Ma rage a beau s'armer, vous en êtes le maître,
Votre vertu m'inspire un dépit genereux,
Je rendrai ce que j'aime heureux,
Puisque mon amour ne peut l'être.

THESE'E, & ÆGLE'.
Quel bonheur surprenant pour nos cœurs amoureux !

MEDE'E.
Esperez tout de mon secours.
Vous pouvez reprendre vos armes.

Thesée reprend son épée.

MEDE'E *continuë.*
Gardés vos tendres amours,
Goûtez-en les charmes,
Aimés sans allarmes,
Aimés vous toujours.

THESE'E, & ÆGLE'.
Gardons nos tendres amours,
Goûtons-en les charmes,
Aimons sans allarmes,
Aimons-nous toujours.

MEDE'E.
Habitans fortunez de ces lieux si charmans,
Commencez les plaisirs de ces heureux amans.

SCENE VII.

THESE'E, ÆGLE', *Habitans de l'Isle enchantée.*

Que nos prairies
Seront fleuries !
Les cœurs glacés
Pour jamais en sont chassez.
Ces lieux tranquiles,
Sont les afiles
Des doux plaisirs,
Et des heureux loisirs :
La terre est belle,
La fleur nouvelle
Rit aux zephirs.
Que nos prairies
Seront fleuries !
Les cœurs glacez
Pour jamais en sont chassez.
C'est dans nos bois
Qu'amour a fait ses loix :
Leur vert feuillage
Doit toujours durer,
Un cœur sauvage
N'y doit point entrer.
Que nos prairies
Seront fleuries !
Les cœurs glacés
Pour jamais en sont chassez.
La seule affaire
D'une Bergere
C'est de songer
A l'amour de son Berger.

L 6

Lors qu'il la'meine,
Bien qu'elle prenne
De longs détours,
Tous les chemins sont courts:
Sa Bergerie
Est moins cherie
Que les Amours.
La seule affaire
D'une Bergere
C'est de songer
A l'Amour de son Berger.
Quand son Amant
La quitte un seul moment
Nos Champs pour elle
N'ont plus d'autre bien,
Elle en querelle
Jusques à son Chien.
La seule affaire,
D'une Bergere
C'est de songer
A l'amour de son Berger.

Les Habitans de l'Isle Enchantée forment des danses galantes, sur l'Air de la Chanson des Bergeres.

Aimons, tout nous y convie,
On aime ici sans danger,
Il est permis de changer
Chacun y suit son envie:
Mais, heureux, cent, & cent fois,
Un Amant qui fait un choix
Qui dure autant que sa vie!

Fuions le bruit des Villages,
Fuions l'éclat du grand jour,
Les fruits charmans de l'Amour
Sont dans les sombres Boccages.
N'aions point de peur des Loups,

TRAGEDIE.

Ne craignons que les jaloux
Qui sont encor plus sauvages.

Les Habitans de l'Isle enchantée dancent sur l'air de la chanson des Bergeres, qui est joüé par des instrumens champêtres.

Un des Habitans de l'Isle enchantée chante au milieu de tous les autres, qui s'assemblent autour de lui, pour chanter, & pour dancer.

PREMIERE CHANSON.

Quel plaisir d'aimer
Sans contrainte !
Nous pouvons former
Des vœux sans crainte.
Le Chœur repete ces quatre Vers.

Un des Habitans de l'Isle enchantée.
Jusques aux langueurs,
Et jusqu'aux larmes,
Pour les tendres cœurs
Tout a des charmes.
Le Chœur repete ces quatre Vers.

Un des Habitans de l'Isle enchantée.
C'est le plus discret
Qui doit plaire ;
Il faut du secret
Et du mystere.
Le Chœur repete ces quatre vers.

Un des Habitans de l'Isle enchantée.
On dit les rigueurs
De sa Bergere,

THESÉE,

Mais pour les faveurs,
On s'en doit taire.

Le Chœur repete ces quatre Vers.

SECONDE CHANSON.

L'Amour plaît malgré ses peines,
L'Amour plaît aux cœurs constans:

Le Chœur repete ces deux Vers.

Un des Habitans de l'Isle Enchantée.

On ne peut porter ses chaînes
Assez-tôt, ni trop long-temps.

Le Chœur repete ces deux Vers.

Un des Habitans de l'Isle Enchantée.

Sans amour tout est sans ame,
L'Amour seul nous rend contens;

Le Chœur repete ces deux Vers.

Un des Habitans de l'Isle Enchantée.

On ne peut sentir sa flame
Assez-tôt, ni trop long-temps.

Le Chœur repete ces Vers, & tous les autres Habitans de l'Isle Enchantée dansent au son des Instrumens Champêtres, qui joüent l'Air de cette Chanson.

Fin du quatriéme Acte.

ACTE V.

Le Theatre change, & represente un Palais, que les Enchantemens de Medée font paroître.

SCENE PREMIERE.

MEDE'E.

AH ! faut-il me vanger
 En perdant ce que j'aime !
Que fais-tu ma fureur, où vas-tu m'engager?
Punir ce cœur ingrat, c'est me punir moi-même,
J'en mourrai de douleur, je tremble d'y songer.
 Ah ! faut-il me venger
 En perdant ce que j'aime !
Ma Rivale triomphe, & me voit outrager :
Quoi, laisser son amour sans peine & sans danger?
Voir le spectacle affreux de son bonheur extrême?
 Non, il faut me vanger
 En perdant ce que j'aime.

SCENE II.

DORINE, MEDE'E.

DORINE.

Que Thesée est content de son bienheureux sort !
MEDE'E.
Dorine, c'en est fait, tout est prêt pour sa mort.
DORINE.
Quoi, ce grand appareil est sa mort qu'on prépare ?
Le Roi le doit choisir ici pour successeur ;
    Votre soin pour lui se déclare.
MEDE'E.
J'ai caché mon dépit sous ma feinte douceur ;
La vengeance ordinaire est trop peu pour mon cœur,
    Je la veux horrible & barbare.
Je m'éloignois tantôt exprés pour tout sçavoir,
Du secret de Thesée il faut me prévaloir,
Le Roi l'ignore encor, & pour me satisfaire
Contre un fils inconnu j'arme son propre pere ;
J'immolai mes enfans, j'osai les égorger ;
Je ne serai pas seule inhumaine, & perfide ;
    Je ne puis me venger
    A moins d'un parricide.

SCENE III.

LE ROI, MEDE'E.

MEDE'E.

Ce vase par mes soins vient d'être empoisonné ;
Vous n'aurés qu'à l'offrir.... Vous semblés étonné?
LE ROI.
Ce Heros m'a servi, malgré moi je l'estime,
Puis-je lui préparer un injuste trépas ?
MEDE'E.
L'espoir de votre amour, la paix de vos Etats,
Tout dépend d'immoler cette grande victime.
Contre un Rival heureux faut-il qu'on vous anime
    La vengeance a bien des appas,
Est-ce trop la paier s'il vous en coûte un crime ?
LE ROI.
    Je n'ai rien fait jusqu'à ce jour
    Qui puisse ternir ma memoire ;
Si prés de mon tombeau faut-il trahir ma gloire ?
Ne vaudroit-il pas mieux étouffer mon amour ?
MEDE'E.
    Vous avez un fils à Trœzene,
    Il faudra toujours l'éloigner :
Votre peuple pour lui n'aura que de la haine,
Il adore Thesée, il veut le voir regner.
Laisserés-vous un fils sans nom & sans Empire,
Tandis qu'un Etranger jouira de son sort,
Et peut-être osera s'assurer par sa mort.....
LE ROI.
Je cede aux sentimens que la nature inspire,
Je me rends, l'amour seul n'étoit pas assez fort,

Je me rends, l'Amour seul n'étoit pas assez fort.
MEDE'E, & LE ROI.
Que la vengeance
A d'attraits pour des cœurs jaloux !
N'épargnons point qui nous offence,
Vengeons-nous, vengeons-nous,
L'Amour même, n'est pas plus doux
Que la vengeance.

SCENE IV.

THESE'E, ÆGLE', LE ROI, MEDE'E, CLEONE, ARCAS, CHOEUR, & Troupe d'Atheniens.

LE ROI, & MEDE'E.

Ne craignez rien parfaits Amans
Les plaisirs suivront vos tourmens.

Le Chœur.
Ne craignez rien parfaits Amans
Les plaisirs suivront vos tourmens.
LE ROI, & MEDE'E.
Recevez la récompense
De votre constance.
Le Chœur.
Ne craignez rien parfaits Amans
Les plaisirs suivront vos tourmens.
LE ROI.
Oublions le passé, ma colere est finie ;
Puis qu'Athenes le veut, je consens qu'après moi,
Ce Heros soit un jour son legitime Roi.
Commençons la Ceremonie.

TRAGEDIE.

Qu'on apprenne à servir Thesée en Souverain.
Prenez ce Vaze de ma main.

THESE'E *prenant le Vaze d'une main, & tirant son Espée de l'autre.*

Je jure sur ce fer qui m'a comblé de gloire,
Que je vous servirai contre vos Ennemis,
Et que vous n'aurez point de sujet plus soûmis.

Le Roi considere avec étonnement l'epée de Thesée, & la reconnoît pour être celle qu'il a laissée pour servir un jour à la reconnoissance de son fils.

LE ROI *empêchant Thesée de porter le vase à sa bouche.*

Que voi-je? Quelle épée? Ah, qui l'auroit pû croire?
   O Ciel! j'allois perdre mon fils
J'avois laissé ce fer pour ta reconnoissance,
Mon fils, ah mon cher fils, où nous exposois-tu?

THESE'E.

Ce fer eut dans mes mains trahi votre esperance
En vous montrant un fils qui n'eut point combattu,
Sans prendre aucun secours d'une illustre naissance
Je voulois éprouver jusqu'où va la vertu.

Medée s'enfuit voyant Thesée reconnu par son Pere.

SCENE V.

LE ROI, THESE'E, ÆGLE', CLEONE, ARCAS, CŒUR, & Troupe d'Atheniens.

LE ROI.

AH! perfide Medée!... Elle fuit l'inhumaine,
Qu'on l'a poursuive, allez, ne la respectez plus;
   Mais la poursuite en sera vaine,

Elle sçait des chemins qui nous sont inconnus,
THESE'E.
C'est assez d'éviter sa haine;
Soions heureux, Seigneur
Nôtre parfait bonheur
Suffira pour sa peine.
LE ROI, THESE'E, & ÆGLE'.
Nôtre parfait bonheur
Suffira pour sa peine.
LE ROI.
Je suis charmé de vos appas,
Je ne m'en deffens pas,
Trop aimable Æglé, je vous aime;
Mais je veux être heureux dans un autre moi-même,
Mon rival m'est trop cher pour en être jaloux,
Je reconnois mon fils à son amour exrrême,
C'est le sort de mon sang de s'enflamer pour vous,
Que l'hymen prépare
Des nœuds pleins d'attraits
Soiez unis à jamais,
Que l'amour répare
Tous les maux qu'il vous a faits
Soiez unis à jamais.
Le Chœur.
Soiez unis à jamais.
THESE'E, & ÆGLE'.
Les plus belles chaînes
Coûtent des soûpirs;
Il faut passer par les peines
Pour arriver aux plaisirs.
LE ROI, CLEONE, & ARCAS.
Que l'hymen prépare
Des nœuds pleins d'attraits.
Le Chœur.
Soiez unis à jamais.
LE ROI, CLEONE, & ARCAS.
Que l'amour répare
Tous les maux qu'il vous a faits;

Le Chœur.
Soiez unis à jamais.

SCENE VI.

MEDE'E, LE ROI, THESE'E, ÆGLE', CLEONE, ARCAS, CHOEUR, *& troupe d'Atheniens.*

MEDE'E *sur un char, tiré par des Dragons volans.*

Vous n'êtes pas encor délivrez de ma rage :
Je n'ai point préparé la pompe de ces lieux,
Pour servir au bonheur d'un amour qui m'outrage ;
Je veux que les Enfers détruisent mon ouvrage,
C'est ainsi qu'en partant je vous fais mes adieux.

Dans le tems que Medée fuit, le Palais s'obscurcit, & les Atheniens s'imaginent être poursuivis par des fantômes.

SCENE VII.

LE ROI, THESE'E, ÆGLE', CLEONE, ARCAS, CHOEUR, *& Troupe d'Atheniens.*

Le Chœur.

Secourés-nous, justes Dieux !
Quelle nuit épouventable !
Quels ennemis furieux !

Secourez-nous, justes Dieux,
Une mort inévitable
S'offre par tout à nos yeux,
Secourez-nous justes Dieux.

SCENE VIII.

MINERVE, *Chœur de divinitez qui accompagnent Minerve.* LE ROI, THESE'E, ÆGLE', CLEONE, ARCAS, CHOEUR, *& Troupe d'Atheniens.*

MINERVE *dans la gloire.*

LE Ciel veut écarter tout ce qui peut vous nuire:
Voiez par mon pouvoir élever à l'instant
Un Palais éclatant
Que l'Enfer n'osera détruire.

Le Theatre change, & represente un Palais magnifique & brillant.

MINERVE, *& le Chœur des divinitez dans la Gloire.*

Vivés, vivés contens dans ces aimables lieux.

Chœur d'Atheniens dans le Palais.

Vivons, vivons contens dans ces aimables lieux.

MINERVE, *& les Chœurs.*

Bienheureux qui peut naître
Sous un regne si glorieux !

Vivés, vivés }
 contens dans ces aimables lieux,
Vivons, vivons }

Un Roi digne de l'être
Est le don le plus grand des Cieux.

Vivez, vivez }
 contens dans ces aimables lieux.
Vivons, vivons }

SCENE DERNERE.

Toutes les voix, & tous les instrumens des deux Chœurs se réünissent. Les plus considerables Courtisans du Roi d'Athenes, environnez d'une troupe d'Esclaves, forment une espece de Fête galante pour se réjoüir de la reconnoissance de Thesée ; Arcas & Cleone chantent au milieu de leur dance.

ARCAS, & CLEONE.

LE plus sage
S'enflame & s'engage,
Sans savoir comment,
La fierté se dément,
Le cœur le plus sauvage
Soûpire aisément
Dans un fatal moment.
Le plus sage
S'enflame & s'engage,
Sans savoir comment.
Contre un mal si doux, & si charmant
Le plus grand courage
Combat foiblement.
Le plus sage
S'enflame & s'engage
Sans savoir comment.
Quel dommage
Si l'on ne ménage
Les momens heureux !

Formons d'aimables nœuds ;
Faisons un doux usage
   Du tems où les jeux
Suivent par tout nos vœux.
   Quel dommage
Si l'on ne ménage
Les momens heureux !
Qui n'est point dans l'Empire amoureux
N'aura pour partage
Que des soins fâcheux.
   Quel dommage
Si l'on ne ménage
Les momens heureux !

Fin du cinquiéme & dernier Acte.

ATYS,
TRAGEDIE
EN MUSIQUE,
ORNE'E
D'ENTRE'ES DE BALLET,
de Machines & de Changemens de Theatre.

Representée à Saint Germain en Laye, le 10. Janvier 1676.

Tome I.   M

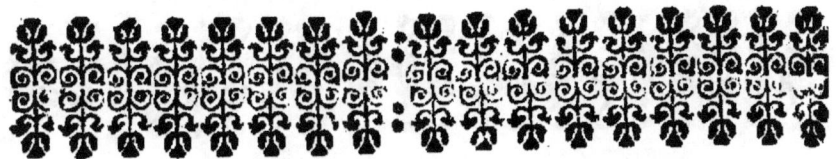

ACTEURS DU PROLOGUE.

LE TEMPS.
 Les Heures du Jour, & de la Nuit.
LA DE'ESSE FLORE.
UN ZEPHIR.
Suivans de Flore dançans.
MELPOMENE.
Heros combattans & dançans de la suite de Melpomene.
HERCULE.
ANTHÆE.
Heros combattans dançans.
LA DE'ESSE IRIS.

PROLOGUE.

Le Theatre represente le Palais du Temps, où ce Dieu paroît au milieu des douze Heures du Jour, & des douze Heures de la Nuit.

LE TEMPS.

EN vain j'ai respecté la celebre memoire
　　Des Heros des siecles passez ;
C'est en vain que leurs noms si fameux dans l'Histoire,
Du sort des noms communs ont été dispensez :
Nous voions un Heros dont la brillante gloire
　　Les a presque tous effacez.

Chœur des Heures.
　　Ses justes Loix,
　　Ses grands Exploits
Rendront sa memoire éternelle :
Chaque Jour, chaque Instant
Ajoûte encor à son nom éclatant
　　Une gloire nouvelle.

La Déesse Flore conduite par un des Zephirs, s'avance avec une Troupe de Nymphes, qui portent divers ornemens de fleurs.

LE TEMPS.
La Saison des frimas peut-elle nous offrir
　　Les fleurs que nous voyons paroître ?
　　　Quel Dieu les fait renaître
Lorsque l'hyver les fait mourir ?

PROLOGUE.

Le froid cruel regne encore ;
Tout est glacé dans les champs,
D'où vient que Flore
Devance le Printemps ?

FLORE.

Quand j'attens les beaux Jours, je viens toujours trop
    tard,
Plus le Printemps s'avance, & plus il m'est contraire,
    Son retour presse le départ,
    Du Heros à qui je veux plaire.
Pour lui faire ma Cour mes soins ont entrepris
De braver desormais l'hyver le plus terrible,
Dans l'ardeur de lui plaire on a bien-tôt apris
    A ne rien trouver d'impossible.

LE TEMS, & FLORE.

Les Plaisirs à ses yeux ont beau se presenter,
Si-tôt qu'il voit Bellonne, il quite tout pour elle ;
    Rien ne peut l'arrêter
    Quand la Gloire l'appelle.

Les Chœurs des Heures repete ces deux derniers Vers.

La Suite de Flore commence des Jeux mêlez de Dances & de Chants.

UN ZEPHIR.

LE Printemps quelquefois est moins doux qu'il ne
    semble,
    Il fait trop paier ses beaux jours ;
Il vient pour écarter les Jeux & les Amours ;
    Et c'est l'Hyver qui les rassemble.

Melpomene, qui est la Muse qui préside à la Tragedie, vient accompagnée d'une Troupe de Heros, elle est suivie d'Hercule, d'Anthæ, de Castor, de Pollux, de Lyncée, d'Idas, d'Etheocle, & de Polinice.

MELPOMENE *parlant à Flore.*

REtirés-vous, cessés de prévenir le tems,
   Ne me dérobés point de précieux instans,
    La puissante Cybele.
Pour honorer Atys qu'elle a privé du jour,

PROLOGUE.

Veut que je renouvelle
Dans une illustre Cour
Le souvenir de son amour.

Que l'agrément rustique
De Flore & de ses Jeux,
Cede à l'apareil magnifique
De la Muse tragique
Et de ses Spectacles pompeux.

La Suite de Melpomene prend la place de la Suite de Flore.

Les Heros recommencent leurs anciennes querelles.
Hercule combat & lutte contre Antæe, Castor & Pollux combattent contre Lyncée & Idas, & Etheocle combat contre son frere Polynice.

Iris, par l'ordre de Cybele, vient accorder Melpomene & Flore.

IRIS *parlant à Melpomene.*

Cybele veut que Flore aujourd'hui vous seconde,
Il faut que les Plaisirs viennent de toutes parts,
Dans l'Empire puissant où regne un nouveau MARS,
  Ils n'ont plus d'autre azile au monde.
Rendés-vous, s'il se peut, digne de ses regards ;
  Joignés la beauté vive & pure
   Dont brille la Nature,
  Aux ornemens des plus beaux Arts.

La suite de Melpomene s'accorde avec la suite de Flore.

MELPOMENE & FLORE.

Rendons-nous, s'il se peut, dignes de ses regards,
  Joignons la beauté vive & pure
   Dont brille la Nature
  Aux ornemens des plus beaux Arts.

LE TEMPS, & *le chœur des Heures.*

Préparés de nouvelles Fêtes,
Profités du loisir du plus grand des Heros.

PROLOGUE.

LE TEMS, MELPOMENE, & FLORE.

Préparez
Préparons } de nouvelles Fêtes.

Profitez
Profitons } du loisir du plus grand des Heros.

Tous ensemble.

Le tems des jeux, & du repos,
Lui sert à méditer de nouvelles conquêtes.

Fin du Prologue.

ACTEURS
DE LA TRAGEDIE.

ATYS, *Parent de Sangaride, & Favori de Celænus Roi de Phrygie.*

IDAS, *ami d'Atys, & frere de la Nymphe Doris.*

SANGARIDE, *Nymphe, fille du fleuve Sangar.*

DORIS, *Nymphe, Amie de Sangaride, & Sœur d'Idas.*

Chœur de Phrygiens & de Phrygiennes.

Troupe de Phrygiens & de Phrygiennes qui dancent à la Fête de Cybele.

LA DE'ESSE CYBELE.

MELISSE, *Confidente & Prêtresse de Cybele.*

Troupe de Prêtresses de Cybele.

CELÆNUS, *Roi de Phrygie, fils de Neptune, & Amant de Sangaride.*

Troupe de Suivans de Cælenus.

Troupe de Zephirs chantans, dançans, volans.

Chœur & Troupe de Peuples differens qui viennent à la Fête de Cybele.
LE DIEU DU SOMMEIL.
MORPHE'E.
PHOBETOR.
PHANTASE.
Troupe de Songes agréables.
Troupe de Songes funestes.
LE DIEU DU FLEUVE SANGARD, *Pere de Sangaride.*
Troupe de Dieux de Fleuves, de Ruisseaux & de Nymphes de Fontaines, qui chantent, & qui dancent.
ALECTON.
Troupe de Divinitez des Bois & des eaux.
Troupe de Corybantes.

La Scene est en Phrygie.

ATYS,
TRAGEDIE.

ACTE I.

Le Theatre represente une Montagne, consacrée à Cybele.

SCENE PREMIERE.

ATYS.

LLONS, allons, accourez-tous, Cybele va descendre,
Trop heureux Phrygiens, venez ici l'attendre.
Mille Peuples seront jaloux,
Des faveurs que sur nous
Sa bonté va répandre.

M 5

SCENE II.
IDAS, ATYS.

Allons, allons, accourez tous,
Cybele va descendre.
ATYS.
Le Soleil peint nos champs des plus vives couleurs,
Il a seché les pleurs,
Que sur l'émail des prez a répandu l'Aurore
Et ses rayons nouveaux ont déja fait éclore
Mille nouvelles fleurs.
IDAS.
Vous veillez lors que tout sommeille ;
Vous nous éveillez si matin,
Que vous ferez croire à la fin
Que c'est l'Amour qui vous éveille.
ATYS.
Non, tu dois mieux juger du parti que je prens.
Mon cœur veut fuir toûjours les soins & les mysteres ;
J'aime l'heureuse paix des cœurs indifferens ;
Si leurs plaisirs ne sont pas grands,
Au moins leurs peines sont legeres.
IDAS.
Tôt ou tard l'amour est vainqueur,
En vain les plus fiers s'en défendent,
On ne peut refuser son cœur
A de beaux yeux qui le demandent.
Atys, ne feignés plus, je sçai votre secret.
Ne craignés rien, je suis discret.
Dans un bois solitaire & sombre,
L'indifferent Atys se croioit seul un jour,
Sous un feuillage épais où je rêvois à l'ombre,
Je l'entendis parler d'amour.

TRAGEDIE. 275
ATYS.
Si je parle d'amour, c'est contre son empire,
J'en fais mon plus doux entretien.
IDAS.
Tel se vante de n'aimer rien,
Dont le cœur en secret soûpire.
J'entendis vos regrets, & je les sçai si bien
Que si vous en doutez, je vai vous les redire.
Amans qui vous plaignez, vous êtes trop heureux :
Mon cœur de tous les cœurs est le plus amoureux,
Et tout prêt d'expirer je suis réduit à feindre ;
Que c'est un tourment rigoureux
De mourir d'amour sans se plaindre !
Amans qui vous plaignés, vous êtes trop heureux.
Idas, il est trop vrai, mon cœur n'est que trop tendre,
L'Amour me fait sentir ses plus funestes coups.
Qu'aucun autre que toi n'en puisse rien apprendre.

SCENE III.

SANGARIDE, DORIS, ATYS, IDAS.

SANGARIDE, & DORIS.

Allons, allons, accourez tous,
Cybele va descendre.

SANGARIDE.

Que dans nos concerts les plus doux,
Son nom sacré se fasse entendre.

ATYS.

Sur l'Univers entier son pouvoir doit s'étendre.

M 6

ATYS,
SANGARIDE.

Les Dieux suivent ses loix & craignent son couroux:

ATYS, SANGARIDE, IDAS, DORIS.

Quels honneurs ! quels respects ne doit-on point lui
rendre ?
Allons, allons, accourez-tous,
Cybele va descendre.

SANGARIDE.

Ecoutons les oiseaux de ces bois d'alentour.
Ils remplissent leurs chants d'une douceur nouvelle.
On diroit que dans ce beau jour,
Ils ne parlent que de Cybele.

ATYS.

Si vous les écoutez, ils parleront d'amour.
Un Roi redoutable,
Amoureux aimable,
Va devenir vôtre Epoux ;
Tout parle d'amour pour vous.

SANGARIDE.

Il est vrai, je triomphe, & j'aime ma victoire.
Quand l'Amour fait regner, est-il un plus grand bien ?
Pour vous, Atys, vous n'aimez rien,
Et vous en faites gloire.

ATYS.

L'Amour fait trop verser de pleurs ;
Souvent ses douceurs sont mortelles :
Il ne faut regarder les Belles
Que comme on voit d'aimables fleurs.
J'aime les Roses nouvelles,
J'aime à les voir s'embellir,
Sans leurs épines cruelles,
J'aimerois à les cueillir.

SANGARIDE.

Quand le peril est agreable,
Le moyen de s'en allarmer ?
Est-ce un grand mal de trop aimer
Ce que l'on trouve aimable ?
Peut-on être insensible aux plus charmans appas ?

ATIS.

Non, vous ne me connoissez pas.
Je me défens d'aimer autant qu'il m'est possible ;
Si j'aimois, un jour, par malheur,
Je connois bien mon cœur,
Il seroit trop sensible.
Mais il faut que chacun s'assemble prés de vous,
Cybele pourroit nous surprendre.

ATIS & IDAS.

Allons, allons, accourez tous,
Cybele va descendre.

SCENE IV.
SANGARIDE, DORIS.

SANGARIDE.

Atis est trop heureux.

DORIS.

L'amitié fut toujours égale entre vous deux,
Et le sang d'assés prés vous lie :
Quelque soit son bonheur, lui portez-vous envie ?
Vous, qu'aujourd'hui l'Hymen avec de si beaux nœuds
Doit unir au Roi de Phrygie ?

SANGARIDE.

Atis est trop heureux.
Souverain de son cœur, maître de tous ses vœux,
Sans crainte, sans melancolie,
Il joüit en repos des beaux jours de sa vie ;
Atis ne connoît point les tourmens amoureux,
Atis est trop heureux.

DORIS.

Quel mal vous fait l'Amour ? votre chagrin m'étonne.

SANGARIDE.

Je te fis un secret qui n'est sçu de personne.

Je devrois aimer un Amant
Qui m'offre une Couronne ;
Mais ; helas ! vainement
Le devoir me l'ordonne,
L'Amour pour mon tourment,
En ordonne autrement

DORIS.

Aimeriez-vous Atis, lui dont l'indifference
Brave avec tant d'orgueil l'Amour & sa puissance ?

SANGARIDE.

J'aime, Atis, en secret, mon crime est sans témoins.
Pour vaincre mon amour, je mets tout en usage,
J'appelle ma raison, j'anime mon courage ;
  Mais à quoi servent tous mes soins ?
  Mon cœur en souffre davantage,
   Et n'en aime pas moins.

DORIS.

  C'est le commun défaut des belles,
  L'ardeur des Conquêtes nouvelles
Fait négliger les cœurs qu'on a trop tôt charmez,
Et les indifferens sont quelquefois aimez
  Aux dépens des Amans fidelles.
Mais vous vous exposez à des peines cruelles.

SANGARIDE.

Toujours aux yeux d'Atis je serai sans appas ;
Je le sai, j'y consens, je veux, s'il est possible,
  Qu'il soit encore plus insensible ;
S'il me pouvoit aimer, que deviendrois-je ? helas !
C'est mon plus grand bonheur qu'Atis ne m'aime pas.
Je prétens être heureuse, au moins en apparence ;
Au destin d'un grand Roi je me vais attacher.

SANGARIDE & DORIS

Un amour malheureux dont le devoir s'offence,
  Se doit condamner au silence ;
Un amour malheureux qu'on nous peut reprocher,
  Ne sauroit trop bien se cacher.

SCENE V.

ATIS, SANGARIDE, DORIS.

ATIS.

On voit dans ces campagnes
Tout nos Phrygiens s'avancer.
DORIS.
Je vais prendre soin de presser
Les Nymphes nos Compagnes.

SCENE VI.

ATIS, SANGARIDE.

ATIS.
Sangaride, ce jour est un grand jour pour vous.
SANGARIDE.
Nous ordonnons tous deux la fête de Cybele,
L'honneur est égal entre nous.
ATIS.
Ce jour même un Grand Roi doit être votre Epoux,
Je ne vous vis jamais si contente & si belle ;
Que le sort du Roi sera doux !
SANGARIDE.
L'indifferent Atis n'en sera point jaloux.
ATIS
Vivez tous deux contens, c'est ma plus chere envie,
J'ai pressé votre Hymen, j'ai servi vos amours.
Mais enfin ce grand jour, le plus beau de vos jours,

Sera le dernier de ma vie.
SANGARIDE.
O Dieux!
ATIS.
Ce n'est qu'à vous que je veux reveler
Le secret desespoir où mon malheur me livre;
Je n'ai que trop sçu feindre, il est temps de parler;
Qui n'a plus qu'un moment à vivre,
N'a plus rien à dissimuler.
SANGARIDE.
Je frémis, ma crainte est extrême;
Atis, par quel malheur faut-il vous voir perir?
ATIS.
Vous me condamnerez vous-même,
Et vous me laisserez mourir.
SANGARIDE.
J'armerai, s'il le faut, tout le pouvoir suprême...
ATIS.
Non, rien ne me peut secourir,
Je meurs d'amour pour vous, je n'en saurois guerir.
SANGARIDE.
Quoi? vous?
ATIS.
Il est trop vrai.
SANGARIDE.
Vous m'aimez?
ATIS.
Je vous aime.
Vous me condamnerez vous-même,
Et vous me laisserez mourir.
J'ai merité qu'on me punisse,
J'offence un Rival genereux,
Qui par mille bienfaits a prévenu mes vœux;
Mais je l'offence en vain, vous lui rendés justice;
Ah! que c'est un cruel supplice
D'avoüer qu'un Rival est digne d'être heureux!
Prononcés mon arrêt, parlés sans vous contraindre,

TRAGEDIE.
SANGARIDE.
Helas !
ATIS.
Vous foupirez ? je voi couler vos pleurs ?
D'un malheureux amour plaignez-vous les douleurs ?
SANGARIDE.
Atis, que vous feriez à plaindre
Si vous faviez tous vos malheurs !
ATIS.
Si je vous pers, & fi je meurs,
Que puis-je encor avoir à craindre ?
SANGARIDE.
C'eft peu de perdre en moi ce qui vous a charmé,
Vous me perdez, Atis, & vous êtes aimé.
ATIS.
Aimé ! qu'entens-je ? ô Ciel ! quel aveu favorable !
SANGARIDE.
Vous en ferez plus miferable.
ATIS.
Mon malheur en eft plus affreux,
Le bonheur que je pers doit redoubler ma rage ;
Mais n'importe, aimés-moi, s'il fe peut d'avantage ;
Quand j'en devrois mourir cent fois plus malheureux.
SANGARIDE.
Si vous cherchés la mort, il faut que je vous fuive ;
Vivés, c'eft mon amour qui vous en fait la loi.
ATIS.
Hé comment ! hé pourquoi
Voulez-vous que je vive,
Si vous ne vivez pas pour moi ?
ATIS & SANGARIDE.
Si l'Hymen unifloit mon deftin & le vôtre,
Que fes nœuds auroient eû d'attraits !
L'Amour fit nos cœurs l'un pour l'autre,
Faut-il que le devoir les fépare à jamais ?
ATIS.
Devoir impitoiable !
Ah quelle cruauté !

SANGARIDE.
On vient, feignez encor, craignés d'être écouté.
ATIS.
Aimons un bien plus durable
Que l'éclat de la Beauté :
Rien n'est plus aimable
Que la liberté.

SCENE VII.

ATIS, SANGARIDE, DORIS, IDAS, *Chœur de Phrygiens chantans. Chœur de Phrygiennes chantantes. Troupe de Phrygiens dançans. Troupe de Phrygiennes dançantes.*

ATIS.
Mais déja de ce Mont sacré
Le sommet paroit éclairé
D'une splendeur nouvelle.
SANGARIDE, *s'avançant vers la Montagne.*
La Déesse descend, allons au devant d'elle.
ATIS & SANGARIDE.
Commençons, commençons
De celebrer ici sa fête solemnelle,
Commençons, commençons
Nos Jeux & nos Chansons.
Le Chœur repete ces deux derniers Vers.
ATIS & SANGARIDE.
Il est temps que chacun fasse éclater son zele.
Venés, Reine des Dieux, venez,
Venés favorable Cybele.
Les Chœurs repetent ces deux derniers Vers.

TRAGEDIE.
ATIS.
Quittés votre Cour immortelle,
Choisissez ces lieux fortunez
Pour votre demeure éternelle.

Les Chœurs.
Venez, Reine des Dieux, venez.
SANGARIDE.
La Terre sous vos pas va devenir plus belle
Que le séjour des Dieux que vous abandonnez.

Les Chœurs.
Venez favorable Cybele.
ATIS & SANGARIDE.
Venez voir les Autels qui vous sont destinez.
ATIS, SANGARIDE, IDAS, DORIS,
& les Chœurs.
Ecoutez un Peuple fidelle,
 Qui vous appelle,
Venés, Reine des Dieux, venez,
Venés, favorable Cybele.

SCENE VIII.

La Déesse Cybele paroît, & les Phrygiens & les Phrygiennes lui témoignent leur joie & leur respect.

CYBELE.
Venés tous dans mon Temple, & que chacun re-
  vere
Le Sacrificateur dont je vais faire choix :
 Je m'expliquerai par sa voix,
Les vœux qu'il m'offrira seront sûrs de me plaire.

Je reçoi vos respects, j'aime à voir les honneurs
Dont vous me presentés un éclatant hommage,
  Mais l'hommage des cœurs
  Est ce que j'aime davantage.
   Vous devez vous animer
   D'une ardeur nouvelle,
   S'il faut honorer Cybele,
   Il faut encor plus l'aimer.

Cybele se va rendre dans son Temple, tous les Phrygiens s'empressent d'y aller, & repetent les quatre derniers Vers que la Déesse a prononcez.

Les Chœurs.

Nous devons nous animer
D'une ardeur nouvelle,
S'il faut honorer Cybele,
Il faut encor plus l'aimer.

Fin du premier Acte.

ACTE II.

Le Theatre change, & represente le Temple de Cybele.

SCENE PREMIERE.

CELÆNUS *Roi de Phrygie*, ATIS, *Suivans de Celænus.*

CELÆNUS.

Cybele est dans ces lieux : ne suivez point mes pas ;
Sortez. Toi ne me quitte pas.
Atis, il faut attendre ici que la Déesse
Nomme un grand Sacrificateur.
ATIS.
Son choix sera pour vous, Seigneur : quelle tristesse
Semble avoir surpris votre cœur ?
CELÆNUS.
Les Rois les plus puissans connoissent l'importance
D'un si glorieux choix :
Qui pourra l'obtenir étendra sa puissance
Par tout où de Cybele on revere les loix.
ATIS.
Elle honore aujourd'hui ces lieux de sa presence,
C'est pour vous preferer aux plus puissans des Rois.

CELÆNUS.
Mais quand j'ai vû tantôt la Beauté qui m'enchante,
N'as-tu point remarqué comme elle étoit tremblante?
ATIS.
A nos jeux, à nos chants, j'étois trop appliqué,
Hors la fête, Seigneur, je n'ai rien remarqué.
CELÆNUS.
Son trouble m'a surpris. Elle t'ouvre son ame;
N'y découvre-tu point quelque secrete flâme?
Quelque Rival caché?
ATIS.
         Seigneur, que dites-vous?
CELÆNUS.
Le seul nom de Rival allume mon courroux.
J'ai bien peur que le Ciel n'ait pû voir sans envie
    Le bonheur de ma vie,
Et si j'étois aimé mon sort seroit trop doux.
Ne t'étonnes point tant de voir la jalousie
    Dont mon ame est saisie,
On ne peut bien aimer sans être un peu jaloux.
ATIS.
Seigneur, soiez content que rien ne vous allarme;
L'Hymen va vous donner la Beauté qui vous charme;
    Vous serez son heureux Epoux.
CELÆNUS.
Tu peux me rassurer, Atis, je te veux croire,
    C'est son cœur que je veux avoir,
    Di-moi s'il est en mon pouvoir?
ATIS.
Son cœur suit avec soin le devoir & la gloire,
Et vous avez pour vous la gloire & le devoir.
CELÆNUS.
Ne me déguise point ce que tu peux connoître,
    Si j'ai ce que j'aime en ce jour
    L'Hymen seul m'en rend-t'il le maître?
La gloire & le devoir auront tout fait, peut-être,
Et ne laisse pour moi rien à faire à l'Amour.

ATIS.
Vous aimés d'un amour trop délicat, trop tendre.
CELÆNUS.
L'indifferent Atis ne le sauroit comprendre.
ATIS.
Qu'un indifferent est heureux!
Il joüit d'un destin paisible.
Le Ciel fait un present bien cher, bien dangereux,
Lors qu'il donne un cœur trop sensible.
CELÆNUS.
Quand on aime bien tendrement
On ne cesse jamais de souffrir, & de craindre;
Dans le bonheur le plus charmant,
On est ingenieux à se faire un tourment,
Et l'on prend plaisir à se plaindre.
Va songe à mon Hymen, & voi si tout est prêt;
Laisse-moi seul ici, la Déesse paroît.

SCENE II.

CYBELE, CELÆNUS, MELISSE,
Troupe de Prêtresses de Cybele.

CYBELE.

JE veux joindre en ces lieux la gloire & l'abon-
dance,
D'un Sacrificateur je veux faire le choix,
Et le Roi de Phrygie auroit la préference
Si je voulois choisir entre les plus grand Rois.
Le puissant Dieu des flots vous donna la naissance,
Un Peuple renommé s'est mis sous votre loi;
Vous avez sans mes soins, d'ailleurs, trop de puis-
sance:
Je veux faire un bonheur qui ne soit dû qu'à moi.

Vous estimez Atys, & c'est avec justice :
Je prétens que mon choix à vos vœux soit propice,
  C'est Atis que je veux choisir.
   CELÆNUS.
J'aime Atis, & je voi sa gloire avec plaisir.
  Je suis Roi, Neptune est mon pere,
J'épouse une beauté qui va combler mes vœux ;
  Le souhait qui me reste à faire,
C'est de voir mon ami parfaitement heureux.
   CYBELE.
Il m'est doux que mon choix à vos desirs réponde ;
  Une grande Divinité
  Doit faire sa felicité
  Du bien de tout le monde,
Mais sur tout le bonheur d'un Roi cheri des Cieux
 Fait le plus doux plaisir des Dieux.
   CELÆNUS.
Le sang aproche Atis de la Nymphe que j'aime,
  Son merite l'égale aux Rois :
  Il soutiendra mieux que moi-même
   La Majesté suprême
   De vos divines loix.
  Rien ne pourra troubler son zele.
Son cœur s'est conservé libre jusqu'à ce jour ;
  Il faut tout un cœur pour Cybele,
A peine tout le mien peut suffire à l'Amour.
   CYBELE.
Portez à votre ami la premiere nouvelle
De l'honneur éclatant où ma faveur l'appelle.

SCENE III.

CYBELE, MELISSE.

CYBELE.

TU t'étonnes, Melisse, & mon choix te surprend ?
MELISSE.
Atis vous doit beaucoup, & son bonheur est grand.
CYBELE.
J'ai fait encor pour lui plus que tu ne peux croire.
MELISSE.
Est-il pour un Mortel un rang plus glorieux ?
CYBELE.
Tu ne vois que sa moindre gloire ?
Ce Mortel dans mon cœur est au dessus des Dieux.
Ce fût au jour fatal de ma dernière Fête
Que de l'aimable Atis je devins la conquête :
Je partis à regret pour retourner aux Cieux,
Tout m'y parût changé, rien ne plût à mes yeux.
Je sens un plaisir extrême
A revenir dans ces lieux ;
Où peut-on jamais être mieux,
Qu'aux lieux où l'on voit ce qu'on aime.
MELISSE.
Tous les Dieux ont aimé, Cybele aime à son tour.
Vous méprisiez trop l'Amour,
Son nom vous sembloit étrange,
A la fin il vient un jour
Où l'Amour se venge.
CYBELE.
J'ai crû me faire un cœur maître de tout son sort.
Un cœur toujours exempt de trouble & de tendresse.

MELISSE.
Vous braviez à tort,
L'Amour qui vous blesse;
Le cœur le plus fort
A des momens de foiblesse.
Mais vous pouviés aimer, & descendre moins bas.
CYBELE.
Non, trop d'égalité rend l'amour sans appas.
Quel plus haut rang ai-je à pretendre ?
Et dequoi mon pouvoir ne vient-il point à bout ?
Lors qu'on est au-dessus de tout,
On se fait pour aimer un plaisir de descendre.
Je laisse aux Dieux les biens dans le Ciel préparés,
Pour Atis, pour son cœur je quitte tout sans peine.
S'il m'oblige à descendre, un doux penchant m'entraîne
Les cœurs que le destin a le plus séparés,
Sont ceux qu'Amour unit d'une plus forte chaîne.
Fai venir le Sommeil ; que lui-même en ce jour,
Prenne soin ici de conduire,
Les Songes qui lui font la Cour ;
Atis ne sçait point mon amour,
Par un moien nouveau je prétens l'en instruire.

Melisse va executer les ordres de Cybele.

CYBELE.
Que les plus doux Zephirs, que les Peuples divers,
Qui des deux bouts de l'Univers
Sont venus me montrer leur zele,
Celebrent la gloire immortelle
Du Sacrificateur dont Cybele a fait choix,
Atis doit dispenser mes loix,
Honorés le choix de Cybele.

SCENE IV.

Les Zephirs paroissent dans une gloire élevée & brillante. Les peuples differens qui sont venus à la feste de Cybele, entrent dans le temple, & tous ensemble s'efforcent d'honorer Atis, & le reconnoissent pour le Grand Sacrificateur de Cybele.

Chœurs des peuples & des zéphirs.

CElebrons la gloire immortelle
Du Sacrificateur dont Cybele a fait choix :
 Atis doit dispenser ses loix,
 Honorons le choix de Cybele.
Que devant Vous tout s'abaisse, & tout tremble,
Vivés heureux, vos jours sont notre espoir :
 Rien n'est si beau que de voir ensemble
Un grand merite avec un grand pouvoir.
  Que l'on benisse
  Le Ciel propice,
  Qui dans vos mains
  Met le sort des humains.

ATIS.

Indigne que je suis des honneurs qu'on m'adresse,
Je dois les recevoir au nom de la Déesse ;
J'ose, puis qu'il lui plaît, lui presenter vos vœux :
  Pour le prix de votre zele,
  Que la puissante Cybele
  Vous rende à jamais heureux.

Chœur des Peuples & des Zephirs.
  Que la puissante Cybele
  Nous rende à jamais heureux.

Fin du second Acte.

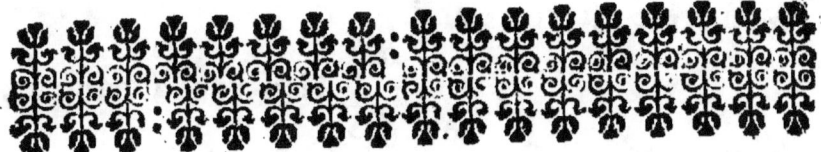

ACTE III.

Le Theatre change, & represente le Palais du grand Sacrificateur de Cybele.

SCENE PREMIERE.

ATIS *seul.*

Que servent les faveurs que nous fait la Fortune
Quand l'Amour nous rend malheureux?
Je pers l'unique bien qui peut combler mes
   vœux,
Et tout autre bien m'importune.
Que servent les faveurs que nous fait la Fortune
   Quand l'Amour nous rend malheureux?

SCENE II.

IDAS, DORIS, ATIS.

IDAS.

Peut-on ici parler sans feindre?

ATIS.

Je commande en ces lieux, vous n'y devés rien craindre.

TRAGEDIE.

DORIS.
Mon frere est votre ami.

IDAS.
Fiez-vous à ma sœur.

ATIS.
Vous devés avec moi partager mon bonheur.

IDAS, & DORIS.
Nous venons partager vos mortelles allarmes ;
Sangaride les yeux en larmes
Nous vient d'ouvrir son cœur.

ATIS.
L'heure aproche où l'Hymen voudra qu'elle se livre
Au pouvoir d'un heureux Epoux.

IDAS & DORIS.
Elle ne peut vivre
Pour un autre que pour vous.

ATIS.
Qui peut la dégager du devoir qui la presse ?

IDAS, & DORIS.
Elle veut elle-même aux pieds de la Déesse
Déclarer hautement vos secrettes amours.

ATIS.
Cybele pour moi s'interesse,
J'ose tout esperer de son divin secours.
Mais quoi, trahir le Roi ! tromper son esperance !
De tant de bien reçus est-ce la récompense ?

IDAS, & DORIS.
Dans l'Empire amoureux
Le devoir n'a point de puissance ;
L'Amour dispence
Les Rivaux d'être genereux ;
Il faut souvent pour devenir heureux
Qu'il en coûte un peu d'innocence.

ATIS.
Je souhaite, je crains, je veux, je me repens.

IDAS, & DORIS.
Verrez-vous un Rival heureux à vos dépens ?

ATIS.
Je ne puis me résoudre à cette violence.
ATIS, IDAS, & DORIS.
En vain, un cœur, incertain de son choix
Met en balance mille fois
L'Amour & la reconnoissance,
L'Amour toujours emporte la balance.
ATIS.
Le plus juste parti cede enfin au plus fort.
Allez, prenés soin de mon sort,
Que Sangaride ici se rende en diligence.

SCENE III.

ATIS seul.

Nous pouvons nous flater de l'espoir le plus doux
Cybele & l'Amour sont pour nous.
Mais du devoir trahi j'entens la voix pressante
Qui m'accuse & qui m'épouvente.
Laisse mon cœur en paix, impuissante vertu,
N'ai-je point assez combattu ?
Quand l'Amour malgré toi me contraint à me rendre,
Que me demande-tu ?
Puis-que tu ne peux me défendre
Que me sert-il d'entendre
Les vains reproches que tu fais ?
Impuissante vertu laisse mon cœur en paix.
Mais le sommeil vient me surprendre,
Je combats vainement sa charmante douceur.
Il faut laisser suspendre
Les troubles de mon cœur.

Atis s'endort.

SCENE IV.

Le Theatre change, & represente un Antre entouré de Pavots & de Ruisseaux, où le Dieu du Sommeil se vient rendre accompagné des Songes agreables & funestes.

ATIS *dormant.* LE SOMMEIL, MORPHE'E, PHOBETOR, PHANTASE, *Les Songes agreables. Les Songes funestes.*

LE SOMMEIL.

Dormons, dormons tous ;
Ah que le repos est doux !
MORPHE'E.
Regnez, divin Sommeil, régnés sur tout le monde,
Répandés vos pavots les plus assoupissans ;
Calmés les soins, charmés les sens,
Retenés tous les cœurs dans une paix profonde.
PHOBETOR.
Ne vous faites point violence,
Coulés, murmurez, clairs ruisseaux,
Il n'est permis qu'au bruit des eaux
De troubler la douceur d'un si charmant silence.
LE SOMMEIL, MORPHE'E, PHOBETOR, & PHATASE.
Dormons, dormons tous,
Ah que le repos est doux !

Les Songes agreables aprochent d'Atis, & par leurs chants & par leurs dances, lui font connoître l'amour de Cybele, & le bonheur qu'il en doit esperer.

MORPHE'E.

Escoute, écoute Atis la gloire qui t'appelle,
Sois sensible à l'honneur d'être aimé de Cybele;
   Joüis heureux Atis de ta felicité.

MORPHE'E, PHOBETOR, & PHANTASE.

   Mais souviens-toi que la Beauté,
      Quand elle est immortelle,
      Demande la fidelité
      D'une amour éternelle.

PHANTASE.

    Que l'Amour a d'attraits
      Lors qu'il commence
    A faire sentir sa puissance !
    Que l'Amour a d'attraits
      Lors qu'il commence
    Pour ne finir jamais.

    Trop heureux un Amant
      Qu'Amour exemte
   Des peines d'une longue attente !
    Trop heureux un Amant
      Qu'Amour exemte
    De crainte & de tourment !

PHOBETOR.

Goûte en paix chaque jour une douceur nouvelle,
Partage l'heureux sort d'une Divinité,
   Ne vante plus la liberté,
Il n'en est point du prix d'une chaîne si belle.

MORPHE'E, PHOBETOR, & PHANTASE.

Mais souviens-toi que la Beauté,

Quand elle est immortelle,
Demande la fidelité
D'une amour éternelle.
PHANTASE.
Que l'Amour a d'attraits
 Lors qu'il commence
A faire sentir sa puissance !
Que l'Amour a d'attraits
 Lors qu'il commence
Pour ne finir jamais.

Les Songes funestes approchent d'Atis, & le menacent de la vengeance de Cybele s'il méprise son amour, & s'il ne l'aime pas avec fidelité.

Un Songe funeste.

Garde-toi d'offencer un amour glorieux,
C'est pour toi que Cibele abandonne les Cieux,
 Ne trahis point son esperance.
Il n'est point pour les Dieux de mépris innocent,
Ils sont jaloux des cœurs, ils aiment la vengeance,
 Il est dangereux qu'on offence
  Un amour tout-puissant.

Chœur des Songes funestes.

 L'amour qu'on outrage
 Se transforme en rage,
 Et ne pardonne pas
 Aux plus charmans appas.
Si tu n'aime point Cybele
 D'une amour fidelle,
Malheureux que tu souffriras !
  Tu periras :
Crains une vengeance cruelle,
 Tremble, crains un affreux trépas.

ATIS *épouventé par les Songes funestes,*

se réveille en surfault, le Sommeil & les Songes disparoissent avec l'Antre où ils étoient, & Atis se retrouve dans le même Palais où il s'étoit endormi.

SCENE V.

ATIS, CYBELE, MELISSE.

ATIS.

Venez à mon secours, ô Dieux ! ô justes Dieux !
CYBELE.
Atis ne craignés rien, Cybele est en ces lieux.
ATIS.
Pardonnés au desordre où mon cœur s'abandonne ;
C'est un songe...

CYBELE.
Parlez, quel songe vous étonne ?
Expliqués-moi votre embaras.

ATIS.
Les songes sont trompeurs, & je ne les croi pas,
Les plaisirs & les peines
Dont en dormant on est séduit,
Sont des chimeres vaines
Que le réveil détruit.
CYBELE.
Ne méprisez pas tant les songes
L'Amour peut emprunter leur voix,
S'ils font souvent des mensonges,
Ils disent vrai quelquefois.
Ils parloient par mon ordre, & vous les devez croire
ATIS.
O Ciel !

CIBELE.

N'en doutés point, connoissés votre gloire.
Répondés avec liberté,
Je vous demande un cœur qui dépend de lui-même.

ATIS.

Une grande divinité
Doit s'assurer toujours de mon respect extrême.

CIBELE.

Les Dieux dans leur grandeur suprême
Reçoivent tant d'honneurs qu'ils en sont rebutés.
Ils se lassent souvent d'être trop respectés,
Ils sont plus contens qu'on les aime.

ATIS.

Je sçai trop ce que je vous doi
Pour manquer de reconnoissance....

SCENE VI.

SANGARIDE, CYBELE, ATIS, MELISSE.

SANGARIDE *se jettant aux pieds de Cybele.*

J'Ai recours à votre puissance,
Reine des Dieux, protegés-moi.
L'interêt d'Atis vous en presse.....

ATIS, *interrompant Sangaride.*
Je parlerai pour vous, que votre crainte cesse.

SANGARIDE.

Tous deux unis des plus beaux nœuds.....

ATIS, *interrompant Sangaride.*
Le sang & l'amitié nous unissent tous deux.
Que votre secours la délivre,
Des loix d'un hymen rigoureux,
Ce sont les plus doux de ses vœux
De pouvoir à jamais vous servir & vous suivre.

CYBELE.

Les Dieux sont les Protecteurs
De la liberté des cœurs.
Allez ne craignez point le Roi ni sa colere,
J'aurai soin d'appaiser
Le Fleuve Sangar votre Pere ;
Atis veut vous favoriser,
Cybele en sa faveur ne peut rien refuser.

ATIS.

Ah ! ç'en est trop...

CYBELE.

Non, non, il n'est pas necessaire
Que vous cachiez votre bonheur,
Je ne prétens point faire
Un vain Mystere
D'un amour qui vous fait honneur.
Ce n'est point à Cybele à craindre d'en trop dire.
Il est vrai, j'aime Atis, pour lui j'ai tout quitté,
Sans lui je ne veux plus de grandeur ni d'Empire,
Pour ma felicité
Son cœur seul peut suffire.
Allez, Atis lui-même ira vous garantir
De la fatale violence
Où vous ne pouvés consentir.

Sangaride se retire.

CYBELE *parle à Atis.*

Laissez-nous, attendez mes ordres pour partir,
Je prétens vous armer de ma toute-puissance,

SCENE VII.
CYBELE, MELISSE.
CYBELE.

Qu'Atis dans ses respects mêle d'indifference !
L'ingrat Atis ne m'aime pas ;
L'Amour veut de l'amour, tout autre prix l'offence ;
Et souvent le respect & la reconnoissance
Sont l'excuse des cœurs ingrats.
MELISSE.
Ce n'est pas un si grand crime
De ne s'exprimer pas bien,
Un cœur qui n'aima jamais rien
Sait peu comment l'amour s'exprime.
CYBELE.
Sangaride est aimable, Atis peut tout charmer,
Ils témoignent trop s'estimer,
Et de simples parens sont moins d'intelligence :
Ils se sont aimez dés l'enfance,
Ils pourroient enfin trop s'aimer.
Je crains une amitié que tant d'ardeur anime.
Rien n'est si trompeur que l'estime :
C'est un nom supposé
Qu'on donne quelquefois à l'amour déguisé.
Je prétens m'éclaircir, leur feinte sera vaine.
MELISSE.
Quels secrets par les Dieux ne sont point pénétrez ?
Deux cœurs à feindre préparez
Ont beau cacher leur chaîne,
On abuse avec peine
Les Dieux par l'Amour éclairez.

ATIS,

CYBELE.

Va, Melisse, donne ordre à l'aimable Zephire
D'accomplir promptement tout ce qu'Atis desire.

SCENE VIII.

CYBELE *seule*.

Espoir si cher & si doux,
  Ah ! pourquoi me trompés-vous ?
Des suprêmes grandeurs vous m'avez fait descendre,
Mille cœurs m'adoroient, je les néglige tous,
Je n'en demande qu'un, il a peine à se rendre ;
Je ne sens que chagrins & que soupçons jaloux ;
Est-ce le sort charmant que je devois attendre ?
  Espoir si cher, & si doux,
  Ah ! pourquoi me trompés-vous ?
Helas ! par tant d'attraits falloit-il me surprendre ?
Heureuse si toujours j'avois pû me défendre !
L'Amour qui me flattoit me cachoit son courroux :
C'est donc pour me frapper des plus funestes coups,
Que le cruel Amour m'a fait un cœur si tendre ?
  Espoir si cher, & si doux,
  Ah ! pourquoi me trompez-vous.

Fin du troisiéme Acte.

ACTE IV.

Le Theatre change, & represente le Palais du Fleuve Sangar.

SCENE PREMIERE.

SANGARIDE, DORIS, IDAS.

DORIS.
Quoi, vous pleurés ?
IDAS.
D'où vient votre peine mortelle ?
DORIS.
N'osez-vous découvrir votre amour à Cybele ?
SANGARIDE.
Helas !
DORIS, & IDAS.
Qui peut encor redoubler vos ennuis ?
SANGARIDE.
Helas ! j'aime... helas ! j'aime...
DORIS, & IDAS.
Achevez.
SANGARIDE.
Je ne puis.
DORIS & IDAS.
L'Amour n'est guere heureux lors qu'il est trop timide.

SANGARIDE.
Helas ! j'aime un perfide
Qui trahit mon amour ;
La Déesse aime Atis, il change en moins d'un jour,
Atis comblé d'honneurs n'aime plus Sangaride.
Helas ! j'aime un perfide
Qui trahit mon amour.

DORIS & IDAS.
Il nous montroit tantôt un peu d'incertitude ;
Mais qu'il l'eût soupçonné de tant d'ingratitude ?

SANGARIDE.
J'embarassois Atis, je l'ai vû se troubler :
Je croiois devoir reveler
Notre amour à Cybele ;
Mais l'ingrat, l'infidele,
M'empêchoit toujours de parler.

DORIS & IDAS.
Peut-on changer si-tôt quand l'Amour est extrême ?
Gardez-vous, gardez-vous
De trop croire un transport jaloux.

SANGARIDE.
Cybele hautement déclare qu'elle l'aime,
Et l'Ingrat n'a trouvé cet honneur que trop doux ;
Il change en un moment, je veux changer de même,
J'accepterai sans peine un glorieux Epoux,
Je ne veux plus aimer que la grandeur suprême.

DORIS & IDAS.
Peut-on changer si-tôt quand l'Amour est extrême ?
Gardez-vous, gardez-vous
De trop croire un transport jaloux.

SANGARIDE.
Trop heureux un cœur qui peut croire
Un dépit qui sert à sa gloire.
Revenez ma raison, revenez pour jamais,
Joignés-vous au dépit pour étouffer ma flâme.
Réparez s'il se peut les maux qu'Amour m'a faits,

TRAGEDIE.

Venez rétablir dans mon ame
Les douceurs d'une heureuse paix;
Revenez ma raison, revenez pour jamais.

IDAS & DORIS.

Une infidelité cruelle
N'efface point tous les appas,
D'une infidelle,
Et la raison ne revient pas
Si-tôt qu'on la r'appelle.

SANGARIDE.

Aprés une trahison
Si la raison ne m'éclaire,
Le dépit & la colere
Me tiendront lieu de raison.

SANGARIDE, DORIS, & IDAS.

Qu'une premiere amour est belle?
Qu'on a peine à s'en dégager!
Que l'on doit plaindre un cœur fidele.
Lors qu'il est forcé de changer.

SCENE II.

CELÆNUS, SUIVANS DE CELÆNUS, SANGARIDE, IDAS & DORIS.

CELÆNUS.

BElle Nymphe, l'Hymen va suivre mon envie,
L'Amour avec moi vous convie
A venir vous placer sur un Trône éclatant,
J'approche avec transport du favorable instant
D'où dépend la douceur du reste de ma vie;
Mais malgré les appas du bonheur qui m'attend,
Malgré tous les transports de mon ame amoureuse,

Si je ne puis vous rendre heureuse,
Je ne serai jamais content,
Je fais mon bonheur de vous plaire,
J'attache à votre cœur mes desirs les plus doux.
SANGARIDE.
Seigneur, j'obeïrai, je dépens de mon Pere,
Et mon Pere aujourd'hui veut que je sois à vous.
CELÆNUS.
Regardés mon amour plutôt que ma Couronne.
SANGARIDE.
Ce n'est point la grandeur qui me peut éblouïr.
CELÆNUS.
Ne sauriés-vous m'aimer sans que l'on vous l'ordonne.
SANGARIDE.
Seigneur contentés-vous que je sache obeïr,
En l'Etat où je suis, c'est ce que je puis dire....

Sangaride apperçoit Atis.

SCENE III.
ATIS, CELÆNUS, SANGARIDE, DORIS, IDAS, *Suivans de Celænus.*

CELÆNUS.

Votre cœur se trouble, il soupire.
SANGARIDE.
Expliqués en votre faveur
Tout ce que vous voiez de trouble dans mon cœur.
CELÆNUS.
Rien ne m'allarme plus, Atis ma crainte est vaine,
Mon amour touche enfin le cœur de la Beauté
Dont je suis enchanté;

TRAGEDIE.

    Toi qui fus témoin de ma peine,
Cher Atis sois témoin de ma fidelité.
Peut-on la concevoir ? non, il faut que l'on aime,
Pour juger des douceurs de mon bonheur extrême,
    Mais, prés de voir combler mes vœux,
Que les momens sont longs pour mon cœur amou‑
    reux !
Vos parens tardent trop, je veux aller moi-même
    Les presser de me rendre heureux !

SCENE IV.

ATIS, SANGARIDE.

ATIS.

Qu'il sçait peu son malheur ! & qu'il est déplo‑
    rable !
Son amour meritoit un sort plus favorable :
J'ai pitié de l'erreur dont son cœur s'est flatté.

SANGARIDE.

Epargnés-vous le soin d'être si pitoiable,
Son amour obtiendra ce qu'il a merité.

ATIS.

Dieux ! qu'est-ce que j'entens !

SANGARIDE.

              Qu'il faut que je me venge,
Que j'aime enfin le Roi, qu'il sera mon époux.

ATIS.

Sangaride, eh d'où vient ce changement étrange ?

SANGARIDE.

N'est-ce pas vous, ingrat, qui voulés que je change ?

ATIS.

Moi !

SANGARIDE.
Quel trahison !
ATIS
Quel funeste courroux!
ATIS, & SANGARIDE.
Pourquoi m'abandonner pour une amour nouvelle?
Ce n'est pas moi qui rompt une chaîne si belle.
ATIS.
Beauté trop cruelle, c'est vous.
SANGARIDE.
Amant infidele, c'est vous.
ATIS.
Ah! c'est vous, Beauté trop cruelle.
SANGARIDE.
Ah! c'est vous, Amant infidelle.
ATIS & SANGARIDE.
Beauté trop cruelle, c'est vous ;
Amant infidelle, c'est vous ;
Qui rompez des liens si doux.
SANGARIDE.
Vous m'avez immolée à l'amour de Cybele.
ATIS.
Il est vrai qu'à ses yeux, par un secret effroi,
J'ai voulu de nos cœurs cacher l'intelligence :
Mais ce n'est que pour vous que j'ai craint sa vengeance,
Et je ne la crains pas pour moi.
Cybele m'aime en vain, & c'est vous que j'adore.
SANGARIDE.
Aprés votre infidelité,
Auriez-vous bien la cruauté
De vouloir me tromper encore?
ATIS.
Moi! vous trahir? vous le pensez !
Ingrate, que vous m'offencez !
Hé bien il ne faut plus rien taire,
Je vais de la Déesse attirer la colere,
M'offrir à sa fureur, puisque vous m'y forcez.

TRAGEDIE.

SANGARIDE.

Ah ! demeurez, Atis, mes soupçons sont passez ;
Vous m'aimez, je le croi, j'en veux être certaine,
Je le souhaite assez,
Pour le croire sans peine.

ATIS.

Je jure,

SANGARIDE.

Je promets,

ATIS & SANGARIDE.

De ne changer jamais

SANGARIDE.

Quel tourment de cacher une si belle flâme.

ATIS.

Redoublons-en l'ardeur dans le fonds de notre ame.

ATIS & SANGARIDE.

Aimons en secret, aimons-nous :
Aimons plus que jamais, en dépit des Jaloux.

SANGARIDE.

Mon Pere vient ici.

ATIS.

Que rien ne vous étonne ;
Servons-nous du pouvoir que Cybele me donne,
Je vais préparer les Zephirs
A suivre nos desirs.

SCENE V.

SANGARIDE, CÆLENUS, *Le Dieu du Fleuve Sangar, troupe de Dieux de Fleuves, de Ruisseaux, & de Divinitez de Fontaines.*

Le Dieu du Fleuve Sangar.

O Vous qui prenés part au bien de ma famille,
Vous venerables Dieux des Fleuves les plus grands,
Mes fideles Amis, & mes plus chers Parens,
Voiez quel est l'Epoux que je donne à ma fille :
J'ai pris soin de choisir entre les plus grands Rois.

Chœur de Dieux de fleuves.
Nous aprouvons votre choix.

Le Dieu du fleuve Sangar.
Il a Neptune pour son Pere,
Les Phrygiens suivent ses Loix ;
J'ai cru ne pouvoir faire
Un choix plus digne de vous plaire.

Chœur de Dieux de fleuves.
Tous d'une commune voix,
Nous approuvons votre choix.

Le Dieu du fleuve Sangar.
Que l'on chante, que l'on dance,
Rions-tous lors qu'il le faut ;
Ce n'est jamais trop tôt
Que le plaisir commence.

On trouve bientôt la fin
Des jours de réjoüissance ;
On a beau chasser le chagrin,
Il revient plutôt qu'on ne pense.

Le Dieu du fleuve Sangar, & le Chœur.

Que l'on chante, que l'on dance,
Rions-tous lors qu'il le faut ;
  Ce n'est jamais trop tôt
  Que le plaisir commence :
Que l'on chante, que l'on dance,
Rions-tous lors qu'il le faut.

Dieux de fleuves, Divinitez de Fontaines, & de Ruisseaux chantans, & dançans ensemble.

LA Beauté la plus severe
Prend pitié d'un long tourment
Et l'Amant qui persevere
Devient un heureux Amant.
Tout est doux & rien ne coûte
Pour un cœur qu'on veut toucher,
L'onde se fait une route
En s'efforçant d'en chercher,
L'eau qui tombe goute à goute
Perce le plus dur Rocher.

L'Hymen seul ne sauroit plaire,
Il a beau flatter nos vœux,
L'Amour seul a droit de faire
Les plus doux de tous les nœuds.
Il est fier, il est rebelle,
Mais il charme tel qu'il est,
L'Hymen vient quand on l'appelle,
L'Amour vient quand il lui plaît.

  Il n'est point de resistance
    Dont le temps ne vienne à bout,

Et l'effort de la constance
A la fin doit vaincre tout.
Tout est doux, & rien ne coûte
Pour un cœur qu'on veut toucher,
L'onde se fait une route
En s'efforçant d'en chercher,
L'eau qui tombe goute à goute.
Perce le plus dur rocher.

L'Amour trouble tout le monde,
C'est la source de nos pleurs;
C'est un feu brûlant dans l'onde,
C'est l'écueil des plus grands cœurs:
Il est fier, il est rebelle,
Mais il charme tel qu'il est;
L'Hymen vient quand on l'appelle,
L'Amour vient quand il lui plaît.

Un Dieu du Fleuve & une Divinité de Fontaine, dancent & chantent ensemble.

D'Une constance extrême,
Un Ruisseau suit son cours;
Il en sera de même
Du choix de mes amours,
Et du moment que j'aime
C'est pour aimer toujours.

Jamais un cœur volage
Ne trouve un heureux sort,
Il n'a point l'avantage
D'être long-temps au port,
Il cherche encor l'orage
Au moment qu'il en sort.

Chœur

TRAGEDIE.

*Chœur de Dieux de Fleuves, & de Divi-
nitez de Fontaines.*

Un grand calme est trop fâcheux,
Nous aimons mieux la tourmente.
Que sert un cœur qui s'exempte
De tous les soins amoureux ?
A quoi sert une eau dormante ?
Un grand calme est trop fâcheux,
Nous aimons mieux la tourmente.

SCENE VI.

ATIS, TROUPE DE ZEPHIRS, SAN-
GARIDE, CELÆNUS, *le Dieu du
Fleuve Sangard. Troupe de Dieux de
Fleuves, de Ruisseaux, & de Divinitez
de Fontaines.*

Chœur de Dieux de Fleuves, & de Fontaines.

VEnez former des nœuds charmans,
Atis venez unir ces bienheureux Amans.
ATIS.
Cet Hymen déplaît à Cybele,
Elle défend de l'achever ;
Sangaride est un bien qu'il faut lui reserver,
Et que je demande pour elle.
Chœur.
Ah ! quelle loi cruelle !
CELÆNUS.
Atis peut s'engager lui-même à me trahir ?
Atis contre moi s'interesse ?

Tome I. O

Seigneur, je suis à la Déesse,
Dés qu'elle a commandé, je ne puis qu'obeïr.

Le Dieu du Fleuve Sangar.

Pourquoi faut-il qu'elle separe
Deux illustres Amans pour qui l'Hymen prépare
Ses liens les plus doux ?

CHOEUR.

Opposons-nous
A ce dessein barbare.

ATIS.

Aprenez, audacieux,
Qu'il n'est rien qui n'obeïsse
Aux souveraines Loix de la Reine des Dieux !
Qu'on nous enleve de ces lieux !
Zephirs, que sans tarder mon ordre s'accomplisse.

Les Zephirs enlevent Atis, & Sangaride.

CHOEUR.

Quelle injustice !

Fin du quatriéme Acte.

ACTE V.

Le Theatre change, & represente des jardins agreables.

SCENE PREMIERE.

CELÆNUS, CYBELE, MELISSE.

CELÆNUS.

Vous m'ôtez Sangaride ? inhumaine Cybele ;
Est-ce le prix du zele
Que j'ai fait avec soin éclater à vos yeux ?
Préparez-vous ainsi la douceur éternelle
Dont vous devez combler ces lieux ?
Est-ce ainsi que les Rois sont protegez des Dieux ?
Divinité cruelle,
Descendez-vous des Cieux
Pour troubler un amour fidelle ?
Et pour venir m'ôter ce que j'aime le mieux ?

CYBELE.

J'aimois Atis, l'Amour a fait mon injustice ;
Il a pris soin de mon suplice ;
Et si vous êtes outragé,
Bien-tôt vous serez trop vengé,
Atis adore Sangaride.

CELÆNUS.

Atis l'adore ? ah le perfide !

CYBELE.
L'Ingrat vous trahiſſoit, & vouloit me trahir :
Il s'eſt trompé lui-même en croiant m'éblouïr.
Les Zephirs l'ont laiſſé ſeul avec ce qu'il aime,
   Dans ces aimables lieux ;
   Je m'y ſuis cachée à leurs yeux ;
J'y viens d'être témoin de leur amour extrême,
CELÆNUS.
O Ciel ! Atis plairoit aux yeux qui m'ont charmé ?
CYBELE.
Eh pouvez-vous douter qu'Atis ne ſoit aimé ?
Non, non, jamais amour n'eût tant de violençe,
Ils ont juré cent fois de s'aimer malgré nous,
   Et de braver notre vengeance ;
Ils nous ont appellés cruels, tyrans, jaloux ;
   Enfin leurs cœurs d'intelligence,
Tous deux... ah je frémis au moment que j'y penſe !
Tous deux s'abandonnoient à des tranſports ſi doux,
Que je n'ai pû garder plus long-tems le ſilence,
N'y retenir l'état de mon juſte couroux.
CELÆNUS.
La mort eſt pour leur crime une peine legere.
CYBELE.
Mon cœur à les punir eſt aſſez engagé ;
Je vous l'ai déja dit, croiés-en ma colere,
   Bientôt vous ſerés trop vengé.

SCENE II.

ATIS, SANGARIDE, CYBELE, CELÆNUS, MELISSE, *Troupe de Prêtresses de Cybele.*

CYBELE & CELÆNUS.

Venés vous livrer au supplice.
ATIS & SANGARIDE,
Quoi! la Terre & le Ciel contre nous sont armés?
Souffrirés-vous qu'on nous punisse?
CYBELE & CELÆNUS.
Oubliés-vous votre injustice!
ATIS & SANGARIDE.
Ne vous souvient-il plus de nous avoir aimés?
CYBELE & CELÆNUS.
vous changés mon amour en haine legitime.
ATIS & SANGARIDE.
Pouvés-vous condamner
L'Amour qui nous anime?
Si c'est un crime,
Quel crime est plus à pardonner?
CYBELE & CELÆNUS.
Perfide, deviés-vous me taire
Que c'étoit vainement que je voulois vous plaire?
ATIS & SANGARIDE.
Ne pouvant suivre vos desirs,
Nous croions ne pouvoir mieux faire
Que de vous épargner de mortels déplaisirs.
CYBELE.
D'un supplice cruel craignés l'horreur extrême.

ATIS,
CYBELE & CELÆNUS.
Craignez un funeste trépas.
ATIS & SANGARIDE.
Vangez-vous, s'il le faut, ne me pardonnez pas,
Mais pardonnez à ce que j'aime.
CYBELE & CELÆNUS.
C'est peu de nous trahir, vous nous bravez, Ingrats?
ATIS & SANGARIDE.
Serés-vous sans pitié?
CYBELE & CELÆNUS.
Perdés toute esperance.
ATIS, & SANGARIDE.
L'Amour nous a forcez à vous faire une offence,
Il demande grace pour nous.
CYBELE & CELÆNUS.
L'Amour en courroux
Demande vengeance.
CYBELE.
Toi qui porte par tout & la rage & l'horreur,
Cesse de tourmenter les criminelles Ombres,
Vien, cruelle Alecton, sors des Royaumes sombres,
Inspire au cœur d'Atis ta barbare fureur.

SCENE III.

ALECTON, ATIS, SANGARIDE, CYBELE, CELÆNUS, MELISSE, IDAS, DORIS, *Troupe de Prêtresses de Cybele, Chœur de Phrygiens.*

ALECTON *sort des Enfers, tenant à la main un Flambeau qu'elle secoüe sur la tête d'Atis.*

ATIS.

Ciel ! quelle vapeur m'environne !
Tous mes sens sont troublez, je frémis, je frissonne,
Je tremble, & tout à coup, une infernale ardeur
Vient enflammer mon sang, & dévorer mon cœur.
Dieux ! que vois-je ? le Ciel s'arme contre la Terre ?
Quel desordre ! quel bruit ! quel éclat de tonnerre !
Quels abîmes profonds sous mes pas sont ouverts !
Que de fantômes vains sont sortis des Enfers !

Il parle à Cybele qu'il prend pour Sangaride.

Sangaride, ah fuiez la mort que vous prépare
 Une Divinité barbare :
C'est votre seul peril qui cause ma terreur.

SANGARIDE.

Atis, reconnoissés votre funeste erreur.

ATIS prenant Sangaride pour un Monstre.

Quel Monstre vient à nous ! quelle fureur le guide !
Ah respecte, cruel, l'aimable Sangaride.

SANGARIDE.

Atis, mon cher Atis,

ATIS.

  Quels hurlemens affreux !

ATIS,

CELÆNUS *à Sangaride.*
Fuiez, sauvez-vous de sa rage.
ATIS *tenant à la main le Coûteau sacré qui*
sert aux sacrifices.
Il faut combattre ; Amour, seconde mon courage.
ATIS *court aprés Sangaride, qui fuit dans un*
des côtez du theatre.
CELÆNUS, *& le Chœur.*
Arrête, arrête malheureux.
CELÆNUS *court aprés Atis.*
SANGARIDE *dans un des côtez du theatre.*
Atis !

Les Chœurs.
O Ciel !

SANGARIDE.
Je meurs.

Le Chœur.
Atis, Atis lui-même
Fait périr ce qu'il aime !

CELÆNUS *revenant sur le theatre.*
Je n'ai pû retenir ses efforts furieux,
Sangaride expire à vos yeux.

CIBELE.
Atis me sacrifie une indigne Rivale,
Partagez avec moi la douceur sans égale,
Que l'on goûte en vengeant un amour outragé.
Je vous l'avois promis.

CELÆNUS.
O promesse fatale !
Sangaride n'est plus, & je suis trop vengé.
CELÆNUS *se retire au côté du theatre, où est*
Sangaride morte.

SCENE IV.

ATIS, CYBELE, MELISSE, IDAS, *Chœur de Phrygiens.*

ATIS.

Que je viens d'immoler une grande victime !
Sangaride est sauvée, & c'est par ma valeur.
        CIBELE *touchant Atis.*
Acheve ma vengeance, Atis, connoi ton crime,
Et reprend ta raison pour sentir ton malheur.
ATIS.
Un calme heureux succede aux troubles de mon cœur.
    Sangaride, Nymphe charmante,
Qu'êtes-vous devenuë, où puis-je avoir recours ?
    Divinité toute-puissante,
Cybele, aiez pitié de nos tendres amours,
Rendés-moi Sangaride, épargnés ses beaux jours.
      Cybele montrant à Atis Sangaride morte.
Tu la peux voir, regarde.
ATIS.
         Ah ! quelle barbarie !
Sangaride a perdu la vie !
Ah ! quelle main cruelle ! ah quel cœur inhumain !
CIBELE.
Les coups dont elle meurt sont de ta propre main.
ATIS.
Moi, j'aurois immolé la Beauté qui m'enchante ?
    O Ciel ! ma main sanglante
Est de ce crime horrible un témoin trop certain !

ATYS,

Le Chœur.

Atis lui-même,
Fait perir ce qu'il aime.

ATYS.

Quoi, Sangaride est morte ? Atis est son boureau !
Quelle vengeance, ô Dieu ! quel suplice nouveau !
Quelles horreurs sont comparables
Aux horreurs que je sens ?
Dieux cruels, Dieux impitoiables,
N'êtes-vous tout-puissants
Que pour faire des miserables ?

CYBELE.

Atis, je vous ai trop aimé :
Cet amour par vous-même en courroux transformé
Fait voir encor sa violence :
Jugez, Ingrat, jugez en ce funeste jour,
De la grandeur de mon amour
Par la grandeur de ma vengeance.

ATIS.

Barbare ! quel amour qui prend soin d'inventer
Les plus horribles maux que la rage peut faire !
Bien-heureux qui peut éviter
Le malheur de vous plaire.
O Dieux ! injustes Dieux ! que n'êtes-vous mortels ?
Faut-il que pour vous seul vous gardiez la vengeance ?
C'est trop, c'est trop souffrir leur cruelle puissance,
Chassons-les d'ici bas, renversons leurs Autels.
Quoi Sangaride est morte ? Atis, Atis lui même
Fait perir ce qu'il aime.

Le Chœur.

Atis, Atis lui-même
Fait perir ce qu'il aime.

CYBELE *ordonnant d'emporter le Corps de Sangaride morte.*

Otés ce triste objet.

ATIS.
Ah ! ne m'arrachez pas
Ce qui reste de tant d'appas :
En fussiez-vous jalouse encore,
Il faut que je l'adore
Jusques dans l'horreur du trépas.

SCENE V.

CYBELE, MELISSE.

CYBELE.

JE commence à trouver sa peine trop cruelle,
Une tendre pitié r'appelle
L'Amour que mon courroux croioit avoir banni,
Ma Rivale n'est plus, Atis n'est plus coupable,
Qu'il est aisé d'aimer un criminel aimable
Aprés l'avoir puni.
Que son desespoir m'épouvente !
Ses jours sont en peril, & j'en frémis d'effroi :
Je veux d'un soin si cher ne me fier qu'à moi,
Allons... mais quel spectacle à mes yeux se presente ?
C'est Atis mourant que je voi !

SCENE VI.

ATIS, IDAS, CYBELE, MELISSE,
Prêtresses de Cybele.

IDAS *soûtenant Atis.*

IL s'est percé le sein, & mes soins pour sa vie
    N'ont pû prévenir sa fureur.
CYBELE.
Ah ! c'est ma barbarie,
C'est moi, qui lui perce le cœur.
ATYS.
Je meurs, l'Amour me guide
    Dans la nuit du trépas ;
Je vais où sera Sangaride,
Inhumaine, je vais où vous ne serez pas.
CYBELE.
Atis, il est trop vrai, ma rigueur est extrême,
    Plaignez-vous, je veux tout souffrir,
Pourquoi suis-je immortelle en vous voiant perir.
ATIS & CYBELE.
Il est doux de mourir
Avec ce que l'on aime.
CYBELE.
Que mon amour funeste armé contre moi-même,
Ne peut-il vous venger de toutes mes rigueurs.
ATIS.
Je suis assez vengé, vous m'aimez, & je meurs.
CYBELE.
Malgré le destin implacable
Qui rend de ton trépas l'arrêt irrevocable,
Atis, sois à jamais l'objet de mes amours ;

TRAGEDIE.

Reprens un fort nouveau, deviens un Arbre aimable
Que Cybele aimera toujours.

ATIS prend la forme de l'Arbre aimé de la Déesse Cybele, que l'on appelle Pin.

CYBELE.

Venez furieux Corybantes,
Venez joindre à mes cris vos clameurs éclatantes ;
Venez, Nymphes des Eaux, venez Dieux des Forêts,
    Par vos plaintes les plus touchantes
    Secondez mes tristes regrets.

SCENE VII.

CYBELE, *Troupe de Nymphes des Eaux, troupe de Divinitez des Bois, troupe de Corybantes.*

CYBELE.

ATis, l'aimable Atis, avec tous ses attraits,
    Descend dans la nuit éternelle,
  Mais malgré la mort cruelle,
    L'Amour de Cybele
    Ne mourra jamais.
  Sous une nouvelle figure,
Atis est ranimé par mon pouvoir divin ;
    Celebrez son nouveau destin,
    Pleurez sa funeste avanture,

Chœur des Nymphes des Eaux, & des Divinitez des Bois.

Celebrons son nouveau destin,
Pleurons sa funeste avanture.
CIBELE.
Que cet Arbre sacré
Soit reveré
De toute la Nature.
Qu'il s'éleve au-dessus des arbres les plus beaux ;
Qu'il soit voisin des Cieux, qu'il regne sur les eaux ;
Qu'il ne puisse brûler que d'une flâme pure.
Que cet Arbre sacré
Soit reveré
De toute la Nature.

Le Chœur répéte ces trois derniers Vers.

CIBELE.

Que ces rameaux soient toujours verds ;
Que les plus rigoureux hyvers
Ne leur fasse jamais d'injure,
Que cet Arbre sacré
Soit reveré
De toute la Nature.

Le Chœur répéte ces trois derniers Vers.

Cybele, & le Chœur des Divinitez des Bois, & des Eaux.

Quelle douleur !

Cybele, & le Chœur des Coribantes.

Ah ! quelle rage !

Cybele, & les Chœurs.

Ah ! quel malheur !

TRAGEDIE.
CIBELE.

Atis au Printemps de son âge
Périt comme une fleur,
Qu'un soudain orage
Renverse & ravage.

Cybele, & le Chœur des Divinitez des Bois, & des Eaux.

Quelle douleur !

Cybele, & le Chœur des Coribantes.

Ah ! quelle rage !

Cybele, & les Chœurs.

Ah ! quel malheur !

Les Divinitez des Bois & des Eaux, avec les Corybantes, honorent le nouvel arbre, & le consacrent à Cybele. Les regrets des Divinitez des Bois & des Eaux, & les cris des Corybantes sont secondez & terminez par des tremblemens de Terre, par des Eclairs, & par des éclats de Tonnerre.

Cybele, & le Chœur des Divinitez des Bois, & des Eaux.

Que le malheur d'Atis afflige tout le monde.

Cybele, & le Chœur des Corybantes.

Que tout sente ici bas,
L'horreur d'un si cruel trépas.

Cybele, & le Chœur des Divinitez des Bois, & des Eaux.

Penetrons tous les cœurs d'une douleur profonde :
Que les Bois, que les Eaux, perdent tous leurs appas.

Cybele, & le Chœur des Corybantes.

Que le Tonnerre nous réponde;
Que la Terre fremisse, & tremble sous nos pas.

*Cybele, & le Chœur des Divinitez des Bois,
& des Eaux.*

Que le malheur d'Atis afflige tout le monde.

Tous ensemble.

Que tout sente, ici-bas,
L'horreur d'un si cruel trépas.

Fin du cinquiéme & dernier Acte.

ISIS,
TRAGEDIE
EN MUSIQUE,
ORNE'E
D'ENTRE'ES DE BALLET, de Machines & de Changemens de Theatre.

Representée devant Sa Majesté à S. Germain en Laye, le 5. Janvier 1677.

ACTEURS
DU PROLOGUE.

LA RENOMME'E.
Chœur de la suite de la Renommée.
Les Rumeurs, les Bruits, &c.
Cinq trompettes.
Vingt-six Suivans de la Renommée.
NEPTUNE.
Suite de Neptune, Tritons, & autres Dieux de la Mer.
Six Tritons joüans de la Flûte.
Deux Tritons chantans.
Huit Dieux Marins de la suite de Neptune, dançans.
APOLLON.
Suite d'Apollon. Les neuf Muses, & les Arts Liberaux.
Cinq Muses chantantes.
CLIO.
CALLIOPE.
MELPOMENE.
THALIE.
URANIE.
Quatre Muses qui joüent des Instrumens.
Deux dessus de Flûte.
ERATO.
EUTERPE.
Deux dessus de Violon.
TERPSICHORE.
POLYMNIE.
Les Sept Arts Liberaux.

PROLOGUE.

Le Theatre represente le Palais de la Renommée. Il est ouvert de tous côtez, pour recevoir les nouvelles de ce qui se fait de considerable sur la Terre, & de ce qui se passe de memorable sur la Mer, que l'on découvre dans l'enfoncement. La Divinité qui préside dans ce Palais y paroît accompagnée de sa Suite ordinaire : Les Rumeurs & les Bruits qui portent comme elle chacun une Trompette à la main, y viennent en foule de divers endroits du monde.

SCENE PREMIERE.

LA RENOMME'E, *Suite de la Renommée, les Rumeurs, & les Bruits.*

LA RENOMME'E. *Chœur de la suite de la Renommée, des Rumeurs, & des Bruits.*

Publions en tous lieux
  Du plus grand des Heros la valeur triomphante,
    Que la Terre, & les Cieux

PROLOGUE.

Retentissent du bruit de sa gloire éclatante.
LA RENOMMÉE.
C'est lui dont les Dieux ont fait choix
Pour combler le bonheur de l'Empire François ;
En vain, pour le troubler, tout s'unit, tout conspire,
C'est en vain que l'Envie a ligué tant de Rois,
  Heureux l'Empire
  Qui suit ses Loix !

Le Chœur.

Heureux l'Empire
Qui suit ses Loix !
LA RENOMMÉE.
Il faut que par tout on l'admire,
Parlons de ses Vertus, racontons ses Exploits ;
 A peine y pourrons-nous suffire
 Avec toutes nos voix.
LA RENOMMÉE & LE CHOEUR.
 Heureux l'Empire,
 Qui suit ses Loix !
Il faut le dire
Cent & cent fois.
Heureux l'Empire,
Qui suit ses Loix.

PROLOGUE.

SCENE II.

DEUX TRITONS CHANTANS,
Troupe de Dieux Marins, joüans des inſ-
trumens & dançans. NEPTUNE, LA
RENOMME'E, *Chœur de la ſuite de la*
Renommée.

Les Tritons, & les autres Dieux Marins
accompagnent Neptune qui ſort de la
Mer, & qui entre dans le Palais de la
Renommée.

DEUX TRITONS *chantans.*

C'Eſt le Dieu des Eaux qui va paroître,
Rangeons nous prés de notre Maître :
 Enchaînons les vents
  Les plus terribles,
Que le bruit des flots cede à nos chants;
 Regnez, Zephirs paiſibles,
Ramenez le doux Printems.

Fuïez loin d'ici, cruels orages,
 Rien ne doit troubler ces Rivages,
 Enchaînons les Vents
  Les plus terribles, &c.

NEPTUNE *parlant à la Renommée.*
Mon Empire a ſervi de Theatre à la Guerre;
 Publiez des Exploits nouveaux :
C'eſt le même Vainqueur ſi fameux ſur la Terre

PROLOGUE.

Qui triomphe encor sur les Eaux.

NEPTUNE & LA RENOMME'E.

Neptune. ⎰ Celebrés Son grand Nom sur la Terre
La Renommée. ⎱ Celebrons &sur l'Onde.

Qu'il ne soit pas borné par les plus vastes Mers:
Qu'il vole jusqu'au bout du Monde,
Qu'il dure autant que l'Univers.

Le Chœur repete ces quatre derniers Vers.

Celebrons son grand Nom sur la Terre & sur l'Onde, &c.

SCENE III.

LES NEUF MUSES, LES ARTS LIBERAUX APOLLON, NEPTUNE, *Suite de Neptune*, LA RENOMME'E, *Suite de la Renommée.*

CALLIOPE.

Cessez pour quelque temps, bruit terrible des Armes,
Qui troublés le repos de cent Climats divers;

Calliope, Clio, Melpomene, Thalie, & Uranie.
Ne troublés pas les charmes
De nos divins Concerts,

Erato, Euterpe, Terpsichore, & Polymnie, forment un Concert d'Instrumens.

MELPOMENE.

Recommençons nos Chants, allons les faire entendre
Dans une Auguste Cour.

THALIE & CALLIOPE.

La Paix, la douce Paix n'ose encore descendre
Du celeste séjour;

Calliope, Clio, Melpomene, Thalie, & Uranie.
Prés du Vainqueur, allons attendre
Son bien-heureux retour.

PROLOGUE.

Les Arts accompagnent Apollon, & se réjoüissent du bonheur que ce Dieu qui les conduit, leur fait esperer.

APOLLON *parlant à la Renommée.*

Ne parlés pas toujours de la Guerre cruelle,
  Parlés des Plaisirs, & des Jeux.
Les Muses, & les Arts vont signaler leur zele,
  Je vais favoriser leurs Vœux ;
  Nous préparons une Fête nouvelle,
  Pour le Heros qui les appelle.
  Dans un azile heureux.
Ne parlés pas toujours de la Guerre cruelle,
  Parlés des Plaisirs & des Jeux.

La Renommée, Neptune, Apollon, les Muses, & le Chœur.

Ne parlons pas toujours de la Guerre cruelle,
  Parlons des Plaisirs & des Jeux.

La Renommée, Neptune, Apollon, les Muses, les Tritons, & le Chœur de la Suite de la Renommée.

  Hâtés-vous, Plaisirs, hâtés-vous,
Hâtés-vous de montrer vos charmes les plus doux.

LA RENOMME'E.

  Il n'est pas encor temps de croire
Que les paisibles Jeux ne seront plus troublés ;
Rien ne plaît au Heros qui les a r'assemblés
A l'égal des Exploits d'éternelle memoire.
  Ennemis de la Paix, tremblés ;
Vous le verrés bientôt courir à la Victoire,
  Vos efforts redoublés
  Ne serviront qu'à redoubler sa gloire.

La Renommée, Neptune, Apollon, les Muses, les Tritons, & le Chœur de la Suite de la Renommée.

PROLOGUE.

Hâtés-vous, Plaisirs, hâtés-vous,
Hâtés-vous de montrer vos charmes les plus doux.

Dans le temps que le Chœur chante, & que les Instrumens joüent, la suite de Neptune dance avec celle d'Apollon, & toutes ces Divinitez vont ensemble prendre part à la nouvelle Fête que le Dieu du Parnasse a préparée avec les Muses, & les Arts.

Fin du Prologue.

ISIS.

ISIS,

TRAGEDIE.

Tome I. P

ACTEURS
DE LA
TRAGEDIE.

HIERAX, *Amant de la Nymphe Io, & frere d'Argus.*
PIRANTE, *Ami d'Hierax.*
IO, *Nymphe, fille du Fleuve Inachus, aimée de Jupiter, persecutée par Junon, & reçûë enfin au rang des Divinitez Celestes, sous le nom d'Isis.*
MICENE, *Nymphe, Confidente d'Io.*
MERCURE.
Chœurs des Divinitez de la terre, & des Echos.
Troupe des Divinitez de la terre, des Eaux, & des richesses soûterraines.
JUPITER.
IRIS, *Confidente de Junon.*
JUNON.
HEBE', *fille de Junon, & Déesse de la Jeunesse.*
Chœurs, & Troupes des Jeux & des Plaisirs de la Suite d'Hebé.

Chœur, & Troupe de Nymphes de la Suite de Junon.
ARGUS.
Une Nymphe repreſentant Syrinx.
Chœur & Troupe de Nymphes Compagnes de Syrinx.
Un des Sylvains repreſentant le Dieu Pan.
Chœur & Troupe de Bergers Suivans de Pan.
Chœur & Troupe de Satyres de la Suite de Pan.
Chœur & Troupe de Sylvains, Suivans de Pan.
ERINNIS, Furie.
Chœur & Troupe de Peuples des Climats glacez.
Deux Conducteurs des Chalybes travaillans à forger l'acier.
Chœur & Troupe de Chalybes.
Suite des Parques. La Guerre, les Fureurs de la Guerre, la Famine, les Maladies violentes & languiſſantes, l'incendie, l'innondation, &c.
Les trois Parques.
Chœurs des Divinitez celeſtes.
Chœur & Troupe des Peuples d'Egypte.

ISIS,
TRAGEDIE.

ACTE I.

Le Theatre represente des Prairies agreables, où le Fleuve Inachus serpente.

SCENE PREMIERE.
HIERAX.

CESSONS d'aimer une infidelle,
Evitons la honte cruelle,
De servir, d'adorer qui ne nous aime plus,
Achevons de briser les nœuds qu'elle a
    rompus :
Dégageons-nous, sortons d'un si funeste empire,
   Helas ! malgré moi je soûpire,
   Ah, mon cœur, quelle lâcheté !

P 3

Quel charme te retient dans un honteux martire ?
Tu n'as pas craint des fers qui nous ont tant coûté,
As-tu peur de la Liberté ?
Revenez, Liberté charmante,
Vous n'êtes que trop diligente,
Lors qu'il faut dans un cœur faire place à l'Amour,
Mais que vous êtes lente,
Lors qu'un juste dépit presse votre retour.

SCENE II.

PIRANTE, HIERAX.

PIRANTE.

C'Est trop entretenir vos tristes rêveries ;
Venez, tournez vos pas vers ces Rives fleuries,
Regardez ces flots argentez,
Qui dans ces Vallons écartés,
Font briller l'émail des Prairies.
Interrompés vos soupirs,
Tout doit être ici tranquile ;
Ce beau séjour est l'azile
Du Repos, & des Plaisirs.

HIERAX.

Depuis qu'une Nymphe inconstante
A trahi mon amour, & m'a manqué de foi :
Ces lieux, jadis si beaux, n'ont plus rien qui m'enchante,
Ce que j'aime a changé, tout est changé pour moi.

PIRANTE.

La Fille d'Inachus hautement vous préfere
A mille autres Amans de votre sort jaloux ;
Vous avez l'aveu de son Pere,
Par les soins d'Argus, votre Frere,

La puissante Junon se déclare pour vous.
HIERAX.
Si l'Ingrate m'aimoit, je serois son Epoux.
   Cette Nymphe legere
   De jour en jour differe
Un Hymen qu'autrefois elle avoit crû si doux.
L'Inconstante n'a plus l'empressement extrême
De cet Amour naissant qui répondoit au mien,
Son changement paroît en dépit d'elle-même,
  Je ne le connois que trop bien ;
Sa bouche quelquefois dit encor qu'elle m'aime,
Mais son cœur, ni ses yeux ne m'en disent plus rien.
PIRANTE.
  Se peut-il qu'elle dissimule ?
Aprés tant de sermens, ne la croiez-vous pas ?
HIERAX.
  Je ne le crûs que trop, helas ?
Ces sermens qui trompoient mon cœur tendre & credule.
Ce fut dans ces Vallons, où par mille détours
Inachus prend plaisir à prolonger son cours ;
  Ce fut sur son charmant rivage,
   Que sa Fille volage
  Me promit de m'aimer toujours.
Le Zephir fut témoin, l'Onde fut attentive,
Quand la Nymphe jura de ne changer jamais ;
Mais le Zephir leger, & l'Onde fugitive,
Ont enfin emporté les sermens qu'elle a faits.
  Je la voi l'Infidelle.
PIRANTE.
  Eclaircissez-vous avec elle.

SCENE III.

LA NIMPHE IO, MICENE, HIERAX, PIRANTE.

IO.

M'Aimez-vous ? puis-je m'en flater ?
HIERAX.
Cruelle, en voulez-vous douter ?
En vain votre inconstance éclate,
En vain elle m'anime à briser tous les nœuds,
Je vous aime toujours, ingrate,
Plus que vous ne voulez, & plus que je ne veux.
IO.
Je crains un funeste présage.
Un aigle dévorant vient de fondre à mes yeux,
Sur un Oiseau qui dans ces lieux,
M'entretenoit d'un doux ramage.
Differés notre hymen, suivons l'avis des Cieux.
HIERAX.
Nôtre Hymen ne déplaît qu'à votre cœur volage,
Répondés-moi de vous, je vous répons des Dieux.
Vous juriez autrefois que cette Onde rebelle,
Se feroit vers sa source une route nouvelle,
Plûtôt qu'on ne verroit votre cœur dégagé :
Voiez couler ces flots dans cette vaste plaine,
C'est le même penchant qui toujours les entraîne,
Leur cours ne change point, & vous avez changé.

IO.
Laissez-moi revenir de mes fraieurs secretes ;
J'attens de votre amour cet effort genereux,

TRAGEDIE.
HIERAX.
Je veux ce qui vous plaît, cruelle que vous êtes,
Vous n'abusez que trop d'un amour malheureux.
IO.
Non, je vous aime encor.
HIERAX.
Quelle froideur extrême !
Inconstante, est-ce ainsi qu'on doit dire qu'on aime ?
IO.
C'est à tort que vous m'accusez,
Vous avez vu toujours vos Rivaux méprisez.
HIERAX.
Le mal de mes Rivaux n'égale point ma peine,
La douce illusion d'une esperance vaine
Ne les fait point tomber du faîte du bonheur,
Aucun d'eux, comme moi, n'a perdu votre cœur,
Comme eux, à votre humeur severe
Je ne suis point accoûtumé :
Quel tourment de cesser de plaire,
Lorsqu'on a fait l'essai du plaisir d'être aimé !
Je ne le sens que trop, votre cœur se détache
Et je ne sçai qui me l'arrache.
Je cherche en vain l'heureux Amant
Qui me dérobe un bien charmant,
Où j'ai crû devoir seul pretendre ;
Je sentirois moins mon tourment
Si je trouvois à qui m'en prendre.
Vous fuïez mes regards, vous ne me dites rien.
Il faut vous délivrer d'un fâcheux entretien,
Ma presence vous blesse, & c'est trop vous contrain-
dre.
IO.
Jaloux, sombre, & chagrin, par tout où je vous voi,
Vous ne cessez point de vous plaindre ;
Je voudrois vous aimer autant que je le doi,
Et vous me forcez à vous craindre.
IO, & HIERAX.
Non, il ne tient qu'à vous

ISIS,

De rendre notre sort plus doux.
IO.
Non, il ne tient qu'à vous
De rendre
Mon cœur plus tendre.
HIERAX.
Non, il ne tient qu'à vous
De rendre mon cœur moins jaloux.
IO, & HIERAX.
Non, il ne tient qu'à vous
De rendre notre sort plus doux.

SCENE IV.

IO, MYCENE.

MYCENE.

Ce Prince trop long-tems dans ses chagrins s'obstine.
On pardonne au premier transport
D'un Amour qui se plaint à tort,
Et qui sans raison se mutine;
Mais à la fin
On se chagrine,
Contre un Amour chagrin.
IO.
Je veux bien te parler enfin sans artifice,
Ce Prince infortuné s'allarme avec Justice,
Le Maître souverain de la Terre & des Cieux
Entreprend de plaire à mes yeux,
Du cœur de Jupiter l'Amour m'offre l'Empire;
Mercure est venu me le dire:
Je le voi chaque jour descendre dans ces lieux.
Mon cœur, autant qu'il peut, fait toujours resistance,

TRAGEDIE.

Et pour attaquer ma constance,
Il ne falloit pas moins que le plus grand des Dieux.

MYCENE.
On écoute aisément Jupiter qui soupire,
C'est un Amant qu'on n'ose mépriser;
Et du plus grand des cœurs le glorieux Empire
Est difficile à refuser.

IO.
Lors qu'on me presse de me rendre
Aux attraits d'un Amour nouveau;
Plus le charme est puissant, & plus il seroit be
De pouvoir m'en défendre.
Quoi, tu veux me quitter ? d'où vient ce soin pressant ?

MYCENE.
C'est pour vous seule ici que Mercure descend.

SCENE V.

MERCURE, IO, CHOEUR DES DIVINITEZ DE LA TERRE, & CHOEUR DES ECHOS.

MERCURE *sur un nuage.*

LE Dieu puissant qui lance le Tonnerre,
Et qui des Cieux tient le Sceptre en ses mains,
A résolu de venir sur la Terre
Chasser les maux qui troublent les Humains.
Que la Terre avec soin à cet honneur réponde,
Echos, retentissez dans ces lieux pleins d'appas;
Annoncez qu'aujourd'hui pour le bonheur du Monde,

ISIS,
Jupiter descend ici bas.

Les Chœurs repetent ces quatre derniers Vers dans le tems que Mercure descend sur la terre.

MERCURE *parlant à Io.*
C'est ainsi que Mercure
Pour abuser des Dieux jaloux
Doit parler hautement à toute la Nature,
Mais il doit s'expliquer autrement avec vous.
C'est pour vous voir, c'est pour vous plaire,
Que Jupiter descend du celeste Séjour ;
Et les biens qu'ici-bas sa presence va faire,
Ne seront dûs qu'à son amour.

IO.
Pourquoi du haut des Cieux, ce Dieu veut-il descendre ?
Mes vœux sont engagez, mon cœur a fait un choix,
L'amour tôt ou tard peut prétendre,
Que tous les cœurs se rangent sous ses Loix :
C'est un hommage qu'il faut rendre,
Mais c'est assés de le rendre une fois.

MERCURE.
Ce seroit en aimant une contrainte étrange,
Qu'un cœur pour mieux choisir n'osât se dégager:
Quand c'est pour Jupiter qu'on change,
Il n'est pas honteux de changer.
Que tout l'Univers se pare
De ce qu'il a de plus rare,
Que tout brille dans ces lieux,
Que la Terre partage
L'éclat & la gloire des Cieux ;
Que tout rende hommage
Au plus grand des Dieux.

SCENE VI.

Les Divinitez de la terre, des Eaux, & des Richesses soûterraines, viennent magnifiquement parées pour recevoir Jupiter, & pour lui rendre hommage.

Chœur de Divinitez.

Que la Terre partage
L'éclat & la gloire des Cieux ;
Que tout rende hommage
Au plus grand des Dieux.

Vingt-quatre Divinitez chantantes. Huit Divinitez de la Terre. Huit Divinitez des Eaux. Huit Divinitez des Richesses soûterraines.

Douze Divinitez dançantes. Quatre Divinitez de la terre. Quatre Divinitez des Eaux. Quatre Divinitez des Richesses soûterraines.

JUPITER descendant du Ciel.

Les armes que je tiens protegent l'innocence,
L'effort n'en est fatal qu'à l'orgueil des Tirans.
Vous qui suivez mes Loix, vivez sous ma puissance ;
Toujours heureux, toujours contens.

ISIS,
Jupiter vient sur la Terre,
Pour la combler de bienfaits,
Il est armé du Tonnerre,
Mais c'est pour donner la paix.

Le Chœur des Divinitez répéte ces quatre derniers Vers, dans le tems que Jupiter descend.

Fin du premier Acte.

ACTE II.

Le Theatre devient obscurci par des Nuages épais qui l'environnent de tous côtez.

SCENE PREMIERE.

IO.

OU suis-je, d'où vient ce nuage !
Les Ondes de mon Pere, & son charmant Rivage,
Ont disparu tout-à-coup à mes yeux !
Où puis-je trouver un passage ?
La jalouse Reine des Cieux
Me fait-elle si-tôt acheter l'avantage
De plaire au plus puissant des Dieux ?
Que vois-je ! quel éclat se répand dans ces lieux ?

Jupiter paroît, & les Nuages qui obscurcissent le theatre sont illuminez, & peints de couleurs les plus brillantes & les plus agreables.

SCENE II.

JUPITER, IO.

JUPITER.

Vous voiez, Jupiter, que rien ne vous étonne:
C'est pour tromper Junon & ses regards jaloux
Qu'un nuage vous environne,
Belle Nymphe r'assûrés-vous.
Je vous aime, & pour vous le dire
Je sors avec plaisir de mon suprême Empire.
La foudre est dans mes mains, les Dieux me font la cour,
Je tiens tout l'Univers sous mon obéïssance;
Mais si je prétens en ce jour
Engager votre cœur à m'aimer à son tour,
Je fonde moins mon esperance
Sur la grandeur de ma puissance,
Que sur l'excés de mon amour.

IO.

Que sert-il qu'ici-bas votre amour me choisisse?
L'honneur m'en vient trop tard, j'ai formé d'autres nœuds:
Il falloit que ce bien pour combler tous mes vœux,
Ne me coûtât point d'injustice,
Et ne fit point de malheureux.

JUPITER.

C'est une assez grande gloire
Pour votre premier Vainqueur,
D'être encor dans votre memoire,
Et de me disputer si long-tems votre cœur.

IO.

La Gloire doit forcer mon cœur à se défendre,
Si vous sortés du Ciel pour chercher les douceurs

TRAGEDIE.

D'une amour tendre,
Vous pourrés aisément attaquer d'autres cœurs,
Qui feront gloire de se rendre.

JUPITER.

Il n'est rien dans les Cieux, il n'est rien ici-bas,
De si charmant que vos appas ;
Rien ne peut me toucher d'une flâme si forte ;
Belle Nymphe vous l'emportés
Sur les autres Beautés,
Autant que Jupiter l'emporte
Sur les autres Divinitez.
Verrés-vous tant d'amour avec indifference ?
Quel trouble vous saisit ? où tournés-vous vos pas ?

IO.

Mon cœur en votre presence
Fait trop peu de resistance ;
Contentés-vous, helas !
D'étonner ma constance,
Et n'en triomphez pas.

JUPITER.

Et pourquoi craignez-vous Jupiter qui vous aime ?

IO.

Je crains tout, je me crains moi-même.

JUPITER.

Quoi, voulés-vous me fuir ?

IO

C'est mon dernier espoir.

JUPITER.

Ecoutez mon amour.

IO.

Ecoutez mon devoir.

JUPITER.

Vous avez un cœur libre, & qui peut se défendre.

IO.

Non, vous ne laissés pas mon cœur en mon pouvoir.

JUPITER.

Quoi, vous ne voulés pas m'entendre ?

ISIS,
IO.
Je n'ai que trop de peine à ne le pas vouloir.
Laissez-moi.
JUPITER.
Quoi, si-tôt ?
IO.
Je devois moins attendre ;
Que ne fuiois-je, helas ! avant que de vous voir !
JUPITER.
L'Amour pour moi vous sollicite,
Et je voi que vous me quittez.
IO.
Le Devoir veut que je vous quitte,
Et je sens que vous m'arrêtez.

SCENE III.

MERCURE, JUPITER, IO.

MERCURE.

Iris est ici-bas, & Junon elle-même,
Pourroit vous suivre dans ces lieux.
JUPITER.
Pour la Nymphe que j'aime,
Je crains ses transports furieux.
MERCURE.
Sa vengeance seroit funeste
Si votre amour étoit surpris.
JUPITER.
Va, prens soin d'arrêter Iris,
Mon amour prendra soin du reste.

Io tâche à fuïr Jupiter qui la suit.

SCENE IV.
MERCURE, IRIS.

MERCURE.

Arrêtez, belle Iris, differez un moment
D'accomplir en ces lieux ce que Junon desire.
IRIS.
Vous m'arrêterez vainement,
Et vous n'aurez rien à me dire.
MERCURE.
Mais, si je vous disois que je veux vous choisir
Pour attacher mon cœur d'une éternelle chaîne ?
IRIS.
Je vous écouterois peut-être avec plaisir,
Mais je vous croirois avec peine.
MERCURE.
Refusez-vous d'unir votre cœur & le mien ?
IRIS.
Jupiter & Junon nous occupent sans cesse,
Nos soins sont assez grands sans que l'amour nous
blesse,
Nous n'avons pas tous deux le loisir d'aimer bien.
MERCURE.
Si je fais ma premiere affaire,
De vous voir, & de vous plaire ?
IRIS.
Je ferai mon premier devoir
De vous plaire, & de vous voir.
MERCURE.
Un cœur fidelle
A pour moi de charmans appas :
Vous avez mille attraits, vous n'êtes que trop belle,
Mais je crains que vous n'aiez pas
Un cœur fidelle.

IRIS.
Pourquoi craignez-vous tant
Que mon cœur se dégage ?
Je vous promets d'être inconstant,
Si-tôt que je serai volage.

MERCURE, & IRIS.
Promettés-moi de constantes amours ;
Je vous promets de vous aimer toujours.

MERCURE.
Que la feinte entre nous finisse ;

IRIS.
Parlons sans mystere en ce jour.

MERCURE, & IRIS.
Le moindre artifice
Offense l'Amour.

IRIS.
Quel soin presse ici-bas Jupiter de descendre ?

MERCURE.
Se seul bien des Mortels lui fait quitter les Cieux.
Mais quel soupçon nouveau Junon peut-elle prendre
Ne suivroit-elle point Jupiter en ces lieux ?

IRIS.
Dans les Jardins d'Hebé Junon vient de se rendre.

Junon paroît au milieu d'un nuage qui s'avance.

MERCURE.
Un nuage entr'ouvert la découvre à mes yeux,
Iris parle ainsi sans mystere ?
C'est ainsi que je puis me fier à sa foi ?

IRIS.
Ne me reprochés pas que je suis peu sincere
Vous ne l'êtes pas plus que moi.

MERCURE, & IRIS.
Gardez pour quelqu'autre
Votre amour trompeur ;
Je reprens mon cœur,
Reprenez le vôtre.

Le Nuage s'approche de Terre, & Junon descend.

SCENE V.
JUNON, IRIS.
IRIS.

J'Ai cherché vainement la Fille d'Inachus.
JUNON.
Ah, je n'ai pas besoin d'en sçavoir davantage,
    Non, Iris, ne la cherchons plus.
Jupiter, dans ces lieux, m'a donné de l'ombrage,
J'ai traversé les airs, j'ai percé le nuage
    Qu'il opposoit à mes regards :
Mais en vain j'ai tourné les yeux de toutes parts,
    Ce Dieu par son pouvoir suprême
    M'a caché la Nymphe qu'il aime,
Et ne m'a laissé voir que des troupeaux épars,
Non, non, je ne suis point une incredule épouse,
    Qu'on puisse tromper aisément,
Voyons qui feindra mieux de Jupiter Amant,
    Ou de Junon jalouse.
Il est maître des Cieux, la terre suit sa loi,
Sous sa toute-puissance il faut que tout fléchisse,
Mais puisqu'il ne prétend s'armer que d'artifice,
Tout Jupiter qu'il est, il est moins fort que moi.
Dans ces lieux écartez, voi que la terre est belle.
IRIS.
Elle honore son Maître, & brille sous ses pas.
JUNON.
    L'amour, cet amour infidelle,
    Qui du plus haut des Cieux l'appelle,
    Fait que tout lui rit ici-bas.
    Prés d'une Maîtresse nouvelle
Dans le fonds des Deserts on trouve des appas,
    Et le Ciel même ne plaît pas
    Avec une Epouse immortelle,

SCENE VI.

JUPITER, JUNON, MERCURE, IRIS.

JUPITER.

Dans les Jardins d'Hebé vous deviés en ce jour
D'une nouvelle Nymphe augmenter votre Cour;
Quel dessein si pressant dans ces lieux vous ameine?

JUNON.

Je ne vous suivrai pas plus loin.
Je viens de votre amour attendre un nouveau soin :
Ne vous étonnez pas qu'on vous quitte avec peine,
Et que de Jupiter on ait toujours besoin.
　　Vous m'aimés, & j'en suis certaine.

JUPITER.

　Souhaitez, je promets
　　Que vos vœux seront satisfaits.

JUNON.

J'ai fait choix d'une Nymphe, & déja la Déesse,
　　De l'aimable Jeunesse
　　Se prépare à la recevoir ;
Mais je n'ose sans vous disposer de personne,
　　Si j'ai quelque pouvoir,
　　Je n'en prétens avoir
　　Qu'autant que votre amour m'en donne.
Ce don de votre main me sera précieux.

JUPITER.

J'approuve vos desirs, que rien n'y soit contraire,
　　Mercure, aiez soin de lui plaire,
Et portez à son gré mes ordres en tous lieux,
Que tout suive les loix de la Reine des Cieux.

TRAGEDIE.
MERCURE, & IRIS.

Que tout suive les Loix de la Reine des Cieux.
JUPITER
Parlez, que votre choix hautement se déclare.
JUNON
La Nymphe qui me plaît ne vous déplaira pas.
Vous ne verrez point ici-bas
De mérite plus grand, ni de Beauté plus rare :
Les honneurs que je lui prépare
Ne lui sont que trop dûs ;
Enfin, Junon choisit la fille d'Inachus.
JUPITER.
La fille d'Inachus !
JUNON.
Déclarez-vous pour elle.
Peut-on voir à ma suite une Nymphe belle,
Plus capable d'orner ma Cour,
Et de marquer pour moi le soin de votre amour ?
Vous me l'avez promise, & je vous la demande.
JUPITER.
Vous ne sçauriez combler d'une gloire trop grande
La Nymphe que vous choisissez,
Junon commande,
Allez, Mercure, obéïssez.
IRIS.
Junon commande,
Allez, Mercure, obéïssez.

SCENE VII.

LE Theatre change, & represente les Jardins d'Hebé, Déesse de la Jeunesse.

HEBE', *Troupe de Jeux & de Plaisirs. Troupe de Nymphes de la suite de Junon.*

HEBE', *Déesse de la Jeunesse. Six Nymphes de Junon suivantes. Vingt-quatre Jeux & Plaisirs chantans. Neuf Jeux & Plaisirs dançans.*

Des Jeux & des Plaisirs s'avancent en dançant devant la Déesse Hebé.

HEBE'.

LEs Plaisirs les plus doux
Sont faits pour la Jeunesse.
Venez Jeux charmans, venez tous ;
Gardez-vous bien d'amener avec vous
La severe Sagesse :
Les plaisirs les plus doux
Sont faits pour la Jeunesse.
Fuiez, fuiez, sombre tristesse,
Noirs chagrins, fuiez loin de nous,
Vous êtes destinez pour l'affreuse vieillesse !
Les Plaisirs les plus doux
Sont faits pour la Jeunesse.

Le Chœur repete ces deux derniers Vers.

Les

TRAGEDIE.

Les Jeux, les Plaisirs, & les Nymphes de Junon se divertissent par des Dances & par des Chansons, en attendant la nouvelle Nymphe dont Junon veut faire choix.

Deux Nymphes chantent ensemble.

Aimez, profités du temps,
  Jeunesse charmante,
Rendez vos desirs contens.
  Tout rit, tout enchante
  Dans les plus beaux ans.
  L'Amour vous éclaire,
  Marchés sur ses pas ;
  Cherchés à vous faire
  Des nœuds pleins d'appas,
  Que vous sert de plaire,
  Si vous n'aimés pas ?

Pourquoi craignez-vous d'aimer,
  Beautez inhumaines,
Cessez de vous allarmer ;
L'Amour a des peines,
  Qui doivent charmer.
  Ce Dieu vous éclaire,
  Marchés sur ses pas.
  Cherchés à vous faire
  Des nœuds pleins d'appas,
  Que vous sert de plaire
  Si vous n'aimés pas.

Chœur.

Que ces Lieux ont d'attraits,
Goûtons-en bien les charmes :
L'Amour n'y fait jamais
Verser de tristes larmes,
Les soins, & les allarmes,
N'en troublent point la paix,
Joüissons dans ces Retraites,

Tome I.

ATIS,

Des douceurs les plus parfaites,
Suivés-nous charmans Plaisirs,
Comblés tous nos desirs.

Voions couler ces Eaux
Dans ces riants Boccages;
Chantés petits Oiseaux,
Chantés sur ces feüillages;
Joignez vos doux ramages
A nos Concerts nouveaux.
Joüissons dans ces Retraites,
Des douceurs les plus parfaites,
Suivés-nous charmans Plaisirs,
Comblés tous nos desirs.

SCENE VIII.

IO, MERCURE, IRIS, HEBE', LES JEUX, LES PLAISIRS, *troupe de Nymphes de la suite de Junon.*

MERCURE, & IRIS *conduisant* IO.

Servés, Nymphe, servés, avec un soin fidelle,
 La puissante Reine des Cieux:
 Suivés dans ces aimables lieux,
  La Jeunesse immortelle;
Tout plaît, & tout rit avec elle.

Hebé, & les Nymphes reçoivent Io.

HEBE', & *le Chœur des Nymphes.*

Que c'est un plaisir charmant
 D'être jeune & belle !

Triomphons à tout moment,
D'une Conquête nouvelle ;
Que c'est un plaisir charmant
D'être jeune & belle.

Fin du second Acte.

ACTE III.

Le Theatre change, & represente la Solitude où Argus fait sa demeure prés d'un Lac, & au milieu d'une Forêt.

SCENE PREMIERE.

ARGUS, IO.

ARGUS.

Dans ce solitaire Séjour
Vous êtes sous ma garde, & Junon vous y laisse :
Mes yeux veilleront tour à tour,
Et vous observeront sans cesse.

IO.

Est-ce là le bonheur que Junon m'a promis :
Argus apprenés-moi quel crime j'ai commis.

ARGUS.

Vous êtes aimable,
Vos yeux devoient moins charmer ;
Vous êtes coupable
De vous faire trop aimer.

TRAGEDIE.

IO.
Ne me déguisez rien, dequoi m'accuse-t-elle ?
Quelle offense à ses yeux me rend si criminelle ?
Ne pourai-je appaiser son funeste couroux ?
ARGUS.
C'est une offense cruelle
De paroître belle
A des yeux jaloux.
L'Amour de Jupiter a trop paru pour vous.
IO.
Je suis perduë, ô Ciel ! si Junon est jalouse.
ARGUS.
On ne plaît guére à l'Epouse,
Lors qu'on plaît tant à l'Epoux.
Vous n'en serez pas mieux d'être ingrate & volage.
Vous quittez un fidelle Amant
Pour recevoir un plus brillant hommage ;
Mais c'est un avantage
Que vous paierez cherement.
Vous n'en serez pas mieux d'être ingrate & volage.
J'ai l'ordre d'enfermer vos dangereux appas,
La Déesse défend que vous voiez personne.
IO.
Aux rigueurs de Junon Jupiter m'abandonne ;
Non, Jupiter ne m'aime pas.

Argus enferme Io.

SCENE II.

HIERAX, ARGUS.

HIERAX *voiant Io qui entre dans la demeure d'Argus.*

La perfide craint ma presence,
Elle me fuit en vain, & j'irai la chercher......

ARGUS *arrêtant Hierax.*

Non.

HIERAX.

Laiffés-moi lui reprocher
Sa cruelle inconftance.

ARGUS.

Non, on ne la doit point voir.

HIERAX.

Quoi, Junon me devient contraire?

ARGUS.

L'ordre eft exprés pour tous, perdés un vain efpoir.

HIERAX.

L'amitié fraternelle a fi peu de pouvoir.

ARGUS.

Non, je ne connois plus ni d'Ami, ni de Frere,
Je ne connois que mon devoir.
Laiffés la Nymphe en paix, ce n'eft plus vous qu'elle aime.

HIERAX.

Quel eft l'heureux Amant qui s'en eft fait aimer?
Nommés-le-moi.

ARGUS.

Tremblés à l'entendre nommer,
C'eft un Dieu tout-puiffant, c'eft Jupiter lui-même.

TRAGEDIE.
HIERAX.

O Dieux !

ARGUS
Dégagés-vous d'un amour si fatal,
Sans balancer, il faut vous y resoudre,
C'est un redoutable Rival
Qu'un Amant qui lance la foudre.

HIERAX.
Dieux tout-puissans ! ah, vous étiés jaloux
De la felicité que vous m'avés ravie,
Dieux tout-puissans ! ah, vous étiés jaloux
De me voir plus heureux que vous.
Vous n'avés pû souffrir le bonheur de ma vie,
Et je voiois vos grandeurs sans envie,
J'aimois, j'étois aimé, mon sort étoit trop doux ;
Dieux tout-puissans ! ah, vous étiés jaloux
De la felicité que vous m'avés ravie.
Dieux tout-puissans ! ah, vous étiez jaloux
De me voir plus heureux que vous.

ARGUS.
Heureux qui peut briser sa chaîne !
Finissez une plainte vaine,
Méprisés l'infidelité,
Un cœur ingrat vaut-il la peine
D'être tant regretté.
Heureux qui peut briser sa chaîne.

HIERAX & ARGUS.
Heureux qui peut briser sa chaîne.

ARGUS.
Liberté, liberté.

SCENE III.

ARGUS, HIERAX, UNE NYMPHE QUI REPRESENTE SYRINX. TROUPE DE NYMPHES EN HABIT DE CHASSE.

La Nymphe Syrinx. Huit Nymphes Compagnes de Syrinx chantantes. Quatre autres Nymphes chantantes. Six Nymphes Compagnes de Syrinx dançantes.

SYRINX, *Chœur de Nymphes.*

Liberté, liberté.

Une partie des Nymphes dancent dans le temps que autres chantent.

ARGUS, & HIERAX.
Quelles dances, quels chants, & quelle nouveauté,
SYRINX & *les Nymphes.*
S'il est quelque bien au monde,
C'est la liberté.
ARGUS, & HIERAX.
Que voulés-vous?

Chœur de Nymphes.

Liberté, liberté.
ARGUS, & HIERAX.
Que voulés-vous? il faut qu'on nous réponde.
SIRINX, & *les Nymphes.*
S'il est quelque bien au monde,
C'est la liberté.

SCÈNE IV.

ARGUS, HIERAX, SYRINX, Troupe de Nymphes, Mercure déguisé en Berger, Troupe de Bergers, Troupe de Satires, Troupe de Sylvains.

MERCURE, Chœurs des Nymphes, de Bergers, & de Sylvains.

Liberté, liberté.
MERCURE *déguisé en Berger, parlant à Argus.*
De la Nymphe Syrinx Pan chérit la memoire,
Il en regrette encor la perte chaque jour,
Pour celebrer une fête à sa gloire,
Ce Dieu lui-même assemble ici sa Cour :
Il veut que du malheur de son fidele Amour
Un spectacle touchant represente l'histoire.

ARGUS.
C'est un plaisir pour nous ; poursuivez j'y consens,
Je ne m'oppose point à des jeux innocens.

Argus va prendre place sur un siege de gazon proche de l'endroit où Io est enfermée, & fait placer Hierax de l'autre côté.

Mercure parlant à part à toute la Troupe qu'il conduit.
Il donne dans le piege ; achevez sans remise,
Achevez de surprendre Argus, & tous ses yeux :
Si vous tentez une grande entreprise,
Mercure vous conduit, l'Amour vous favorise,
Et vous servez le plus puissant des Dieux.

Mercure, les Bergers, les Satires, & les Sylvains r'entrent derriere le theatre.

SCENE V.

ARGUS, HIERAX, SYRINX.
troupe de Nymphes.

SYRINX, & *le Chœur des Nymphes.*

Liberté, liberté.
S'il est quelque bien au monde,
C'est la liberté.
Liberté, liberté.
SYRINX.
L'Empire de l'Amour n'est pas moins agité
Que l'Empire de l'Onde;
Ne cherchons point d'autre felicité
Qu'un doux loisir dans une paix profonde.
SYRINX, & *le Chœur.*
S'il est quelque bien au monde,
C'est la liberté.
Liberté, liberté.

Dans le temps qu'une partie des Nymphes chante, le reste de la Troupe dance.

TRAGEDIE.

SCENE VI.

Un des Sylvains representant le Dieu
PAN.

TROUPE DE BERGERS, TROUPE DE SATYRS, TROUPE DE SYLVAINS, SYRINX, *troupe de Nymphes.*

ARGUS, & HIERAX.

Les Bergers & des Sylvains dançans & chantans viennent offrir des presens de fruits & de Fleurs à la Nymphe Syrinx, & tâchent de lui persuader de n'aller point à la Chasse, & de s'engager sous les loix de l'Amour.

Douze Satyres chantans, & portans des presens à Syrinx. Quatre Satyrs joüans de la Flûte. Douze Bergers portans des presens à Syrinx. Quatre Bergers joüans de la Flûte. Quatre Sylvains dançans. Quatre Bergers heroïques dançans. Deux Bergers chantans.

Quel bien devés-vous attendre,
Beauté qui chassés dans ces Bois?
Que pouvés-vous prendre
Qui vaille un cœur tendre
Soumis à vos Loix?
 Ce n'est qu'en aimant
Qu'on trouve un sort charmant,
Aimés enfin à votre tour,

Il faut que tout cede à l'Amour :
Il fait fraper d'un coup certain
Le Cerf leger qui fuit en vain ;
Jufques dans les Antres fecrets,
Au fond des Forêts,
Tout doit fentir fes traits.

 Lors que l'Amour vous appelle,
Pourquoi fuiez-vous fes plaifirs ?
La Roze nouvelle
N'en eft que plus belle
D'aimer les Zephirs.
 Ce n'eft qu'en aimant
Qu'on trouve un fort charmant,
Aimés, enfin, à votre tour,
Il faut que tout cede à l'Amour :
Il fait fraper d'un coup certain
Le Cerf leger qui fuit en vain ;
Jufques dans les Antres fecrets,
Au fond des Forêts,
Tout doit fentir fes traits.

PAN.
Je vous aime, Nymphe charmante,
Un Amant immortel cherche à plaire à vos yeux.

SYRINX.
Pan eft un Dieu puiffant, je revere les Dieux,
Mais le nom d'Amant m'épouvente.

PAN.
Pour vous faire trouver le nom d'Amant plus doux,
J'y joindrai le titre d'Epoux.
Je n'aurai pas de peine
 A m'engager
Dans une aimable chaîne,
Je n'aurai pas de peine
 A m'engager
Pour ne jamais changer.
Aimés un Dieu qui vous adore,
Uniffons-nous d'un nœud charmant.

TRAGEDIE.

SYRINX.

Un époux doit être encore
Plus à craindre qu'un Amant.

PAN.

Diſſipez de vaines allarmes,
Eprouvez l'amour & ſes charmes,
Connoiſſez ſes plus doux appas :
Non, ce ne peut être
Que faute de le connoître
Qu'il ne vous plaît pas.

SYRINX.

Les maux d'autrui me rendront ſage.
Ah ! quel malheur
De laiſſer engager ſon cœur !
Pourquoi faut-il paſſer le plus beau de ſon âge
Dans une mortelle langueur ?
Ah, quel malheur !
Pourquoi n'avoir pas le courage
De s'affranchir de la rigueur
D'un funeſte eſclavage ?
Ah ! quel malheur
De laiſſer engager ſon cœur !

PAN.

Ah, quel dommage
Que vous ne ſachiez pas aimer !
Que vous ſert-il d'avoir tant d'attraits en partage,
Si vous en négligez le plus grand avantage ?
Que vous ſert-il de ſçavoir tout charmer ?
Ah, quel dommage
Que vous ne ſachiez pas aimer !

Chœur de Sylvains, de Satyres, & de Bergers.

Aimons ſans ceſſe.

Chœur de Nymphes.

N'aimons jamais.

Chœur de Sylvains, de Satyres, & de Bergers.

Cedons à l'Amour qui nous preſſe,

Pour vivre heureux aimons sans cesse.

Chœur de Nymphes.

Pour vivre en paix,
N'aimons jamais
SYRINX
Le chagrin suit toujours les cœurs que l'Amour blesse.
PAN
La tranquile Sagesse
N'a que des plaisirs imparfaits.

Chœur de Sylvains, de Satires, & de Bergers.

Aimons sans cesse.

Chœur de Nymphes.

N'aimons jamais.
SYRINX
On ne peut aimer sans foiblesse.
PAN
Que cette foiblesse a d'attraits !

Chœur de Sylvains, de Satires, & de Bergers.

Aimons sans cesse.

Chœur de Nymphes.

N'aimons jamais.

Chœur de Sylvains, de Satires, & de Bergers.

Cedons à l'Amour qui nous presse,
Pour vivre heureux aimons sans cesse.

Chœur de Nymphes.

Pour vivre en paix,
N'aimons jamais.
SYRINX
Faut-il qu'en vains discours un si beau jour se passe,
Mes Compagnes courons dans le fort des Forêts.

TRAGEDIE.

Voions qui d'entre nous se sert mieux de ses traits.
Courons à la Chasse.

Chœurs.

Courons à la Chasse.

SYRINX *revenant sur le Theatre suivie de Pan.*
Pourquoi me suivre de si prés?

PAN.
Pourquoi fuir qui vous aime?

SYRINX.
    Un Amant m'embarasse.

SYRINX *& les Chœurs derriere le Theatre.*

Courons à la Chasse.

PAN *revenant une seconde fois sur la Scene suivant toujours Syrinx.*
Je ne puis vous quitter, mon cœur s'attache à vous
 Par des nœuds trop forts & trop doux...

SYRINX
Mes Compagnes ? Venez ?.... C'est en vain que j'appelle.

PAN.
Ecoutés, Ingrate, écoutez,
Un Dieu charmé de vos beautés,
Qui vous jure un amour fidelle.

SYRINX *fuiant.*
Je déclare à l'Amour une guerre immortelle.

Troupe de Bergers qui arrêtent Syrinx.
Cruelle, arrêtés.

Troupe de Sylvains & de Satires qui arrêtent Syrinx.

Arrêtés, cruelle.

SYRINX.
On me retient de tous côtés.

Chœurs de Satyres, de Sylvains, & de Bergers.

Cruelle, arrêtez.

SYRINX.

Dieux, Protecteurs de l'innocence,
Nayades, Nymphes de ces Eaux,
J'implore ici votre assistance.

SYRINX se jette dans les eaux.

PAN suivant Syrinx dans le lac où elle s'est jettée.

Où vous exposez-vous ? Quels prodiges nouveaux ?
La Nymphe est changée en rozeaux !

Le vent penetre dans les rozeaux, & leur fait former un bruit plaintif.

Helas ! quel bruit ! qu'entens-je ! Ah quelle voix nouvelle !

La Nymphe tâche encor d'exprimer ses regrets.

Que son murmure est doux ! que sa plainte a d'attraits,
Ne cessons point de nous plaindre avec elle.
Ranimons les restes charmans
D'une Nymphe qui fut si belle,
Elle répond encore à nos gémissemens,
Ne cessons point de nous plaindre avec elle.

PAN donne des rozeaux aux Bergers, aux Satires, & aux Sylvains, qui en forment un concert de flûtes.

PAN.

Les yeux qui m'ont charmé ne verront plus le jour.
Etoit-ce ainsi, cruel Amour,
Qu'il falloit te venger d'une Beauté rebelle,
N'auroit-il pas suffi de t'en rendre vainqueur,
Et de voir dans tes fers son insensible cœur
Brûler avec le mien d'une ardeur éternelle,
Que tout ressente mes tourmens.

PAN, & deux Bergers, accompagnez du concert de flûtes.

R'animons les restes charmans
D'une Nymphe qui fut si belle,
Elle répond encor à nos gémissemens,
Ne cessons point de nous plaindre avec elle.

Argus commence à s'assoupir, Mercure déguisé en Berger s'approche de lui, & acheve de l'endormir en le touchant de son caducée.

PAN.
Que ces rozeaux plaintifs soient à jamais aimez....
MERCURE.
Il suffit, Argus dort, tous ses yeux sont fermez.
Allons, que rien ne nous retarde,
Délivrons la Nymphe qu'il garde.

SCENE VII.

IO, MERCURE, *Troupe de Sylvains, de Satires, & de Bergers,* ARGUS, HIERAX.

MERCURE, *faisant sortir Io de la demeure d'Argus, qu'il ouvre d'un coup de son caducée.*

Reconnoissez Mercure, & fuiez avec nous ;
Eloignez-vous d'Argus avant qu'il se réveille.
   HIERAX *arrêtant Io, & parlant à Mercure.*
   Argus avec cent yeux sommeille ;
     Mais croiez-vous
   Endormir un Amant jaloux.
Demeurez.
MERCURE.
Malheureux, d'où te vient cette audace ?
HIERAX.
J'ai tout perdu, j'attens le trépas sans effroi,
   Un coup de foudre est une grace
   Pour un malheureux comme moi.
Eveillez-vous, Argus, vous vous laissez surprendre,

ISIS, ARGUS, & HIERAX.
Puissante Reine des Cieux,
Junon, venez nous défendre.

MERCURE, *frapant Argus & Hierax de son Caducée.*

Commencés d'éprouver la colere des Dieux.

ARGUS *tombe mort, & Hierax changé en Oiseau de Proie, s'envole.*

Chœur de Sylvains, de Satyres, & de Bergers.

Fuions.

IO.

Vous me quittés quel secours puis-je attendre?

Chœur de Sylvains, de Satyres, & de Bergers.

Fuions, Junon vient dans ces lieux.

SCENE VIII.

JUNON *sur son Char*, ARGUS, IO, ERINNIS, FURIE.

JUNON.

REvoi le jour, Argus, que ta figure change.
ARGUS *transformé en Paon, vient se placer devant le Char de Junon.*
JUNON.
Et vous, Nymphe, apprenés comment Junon se venge,
Sors, barbare Erinnis, sors du fond des Enfers,
Vien, pren soin de servir ma vengeance fatale,
Et d'en montrer l'horreur en cent Climats divers:
Epouvente tout l'Univers

Par les tourmens de ma Rivale.
Vien la punir au gré de mon courroux:
Redouble ta rage infernale,
Et fai, s'il se peut, qu'elle égale
La fureur de mon cœur jaloux.

La Furie sort des Enfers, elle poursuit Io, elle l'enleve, & Junon remonte dans le Ciel.

IO *poursuivie par la Furie.*

O Dieux ! où me réduisés-vous ?

Fin du troisiéme Acte.

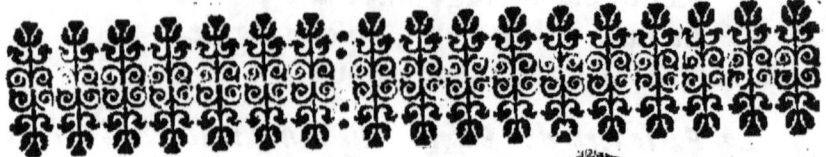

ACTE IV.

Le Theatre change, & represente l'endroit le plus glacé de la Scythie.

SCENE PREMIERE.

Des Peuples paroissent transis de froid.

Chœur des Peuples des climats glacez, chantans.

L'Hyver qui nous tourmente
S'obstine à nous geler,
Nous ne saurions parler
Qu'avec une voix tremblante.
    La neige & les glaçons
    Nous donnent de mortels frissons.
    Les Frimats se répandent
    Sur nos Corps languissans,
    Le froid transit nos sens
    Les plus durs rochers se fendent.
    La neige & les glaçons
Nous donnent de mortels frissons.

SCENE II.

IO, LA FURIE, LES PEUPLES DES CLIMATS GLACEZ.

IO.

Laisse-moi, cruelle Furie,
Cruelle, laisse-moi respirer un moment.
Ah ! Barbare, plus je te prie,
Et plus tu prens plaisir d'augmenter mon tourment.

LA FURIE.

Soupire, gémis, pleure, crie,
Je me fais de ta peine un spectacle charmant.

IO.

Laissez-moi, cruelle Furie,
Cruelle, laisse-moi respirer un moment.
Quel horrible séjour ! Quel froid insuportable !
Tes Serpens animés par ta rage implacable
Ne sont-ils pas d'assez cruels Bourreaux ?
Pour punir un cœur miserable,
Viens-tu chercher si loin des supplices nouveaux ?

LA FURIE.

Malheureux Habitans d'une demeure affreuse,
Connoissés de Junon le funeste couroux ;
Par sa vengeance rigoureuse,
Vous voiez une malheureuse
Qui souffre cent fois plus que vous.

IO, *& la Furie repetent ces deux derniers vers.*

Chœur des Peuples des Climats glacez.

Ah quelle peine
De trembler, de languir dans l'horreur des Frimats !

IO.
Ah quelle peine
D'éprouver tant de maux sans trouver le trépas !
Ah quelle vengeance inhumaine !
LA FURIE
Vien changer de tourmens, passe en d'autres Climats.

La Furie entraîne & enleve Io.
IO.
Ah quelle peine !
Chœur des Peuples des climats glacez.
Ah quelle peine !
De trembler de languir dans l'horreur des Frimats !

SCENE III.

Le Theatre change, & represente des deux côtez les Forges de Chalybes qui travaillent à forger l'Acier, la Mer paroît dans l'enfoncement.

Huit Chalybes dançans. Deux Conducteurs des Chalybes chantans. Chœur des Chalybes.

Dans le temps que plusieurs Chalybes travaillent dans les Forges, quelques autres vont & viennent avec empressement pour apporter l'Acier des Mines, & pour disposer ce qui est necessaire au travail qui se fait.

Les deux Conducteurs, & le Chœur des Chalybes.

Que le feu des Forges s'allume,
Travaillons d'un effort nouveau ;
Qu'on fasse retentir l'Enclume
Sous les coups pesans du marteau.

SCENE IV.

IO, LA FURIE, LES CONDUCTEURS DES CHALYBES. TROUPE & CHOEUR DES CHALYBES.

IO *au milieu des Feux qui sortent des Forges.*
Quel déluge de feux vient sur moi se répandre
Ô Ciel !
Les Chalybes passent auprés d'Io avec des morceaux d'épées, de lances, & de haches à demi forgées.

LA FURIE.
Le Ciel ne peut t'entendre,
Tu ne te plains pas assez haut.

Les deux Conducteurs, & le Chœur des Chalybes.
Qu'on prépare tout ce qu'il faut.

IO.
Junon seroit moins inhumaine,
Tu me fais trop souffrir, tu sers trop bien sa haine.

LA FURIE.
Au gré de son dépit jaloux,
Tes maux les plus cruels seront encor trop doux.

IO.
Helas, quelle rigueur extrême !
C'est en vain que Jupiter m'aime,
La haine de Junon joüit de mon tourment ;
Que vous haïssez fortement,
Grands Dieux ! qu'il s'en faut bien que vous aimiés
de même !

Les Feux des Forges redoublent, & les Chalybes environnent Io avec des morceaux d'acier & brûlans.

IO.
Ne pourrai-je cesser de vivre?
Cherchons le trépas dans les flots.

LA FURIE.
Par tout, ma rage te doit suivre,
N'attens ni secours ni repos.

Io fuit, & monte au haut d'un Rocher, d'où elle se précipite dans la Mer, la Furie s'y jette aprés la Nymphe.

SCENE V.

Le Theatre change, & represente l'Antre des Parques.

SUITE DES PARQUES. LA GUERRE. *Les Fureurs de la Guerre. Les Maladies violentes & languissantes. La Famine. L'Incendie. L'Inondation, &c. Chantans, dançans.*

Chœur de la suite des Parques.

Executons l'Arrêt du Sort,
Suivons ses loix les plus cruelles;
Presentons sans cesse à la Mort
Des victimes nouvelles.

La Guerre.
Que le fer,

La Famine,
Que la faim,

L'Incendie,
Que les feux,

L'inonda-

L'Inondation.
Que les Eaux.

Toutes ensembles.

Que tout serve à creuser mille & mille Tombeaux.

Les Maladies violentes.

Qu'on s'empresse d'entrer dans les Roiaumes sombres
Par mille chemins differens.

Les Maladies languissantes.

Achevés d'expirer, infortunés mourans,
Cherchés un long repos dans le séjour des Ombres.

Le Chœur.

Executons l'arrêt du Sort,
Suivons ses loix les plus cruelles;
Presentons sans cesse à la Mort
Des Victimes nouvelles.

La Guerre.
Que le Fer,

La Famine.
Que la Faim,

L'Incendie.
Que les Feux,

L'Inondation.
Que les Eaux.

Toutes ensembles.

Que tout serve à creuser mille & mille tombeaux.

La suite des Parques témoigne le plaisir qu'elle prend à terminer le sort des Humains.

Tome I

SCENE VI.

IO, LA FURIE, LA SUITE DES PARQUES.

IO parlant à la suite des Parques.

C'Est contre moi qu'il faut tourner
Votre rigueur la plus funeste ;
D'une vie odieuse arrachés moi le reste,
Hâtez-vous de la terminer.

Le Chœur de la suite des Parques.

C'est aux Parques de l'ordonner.
IO.
Favorisez mes vœux, Déesses Souveraines,
Qui réglez du destin les immuables loix ;
Finissez mes jours & mes peines,
Ne me condamnez pas à mourir mille fois.

Le fonds de l'Antre des Parques s'ouvre, & les trois Parques en sortent.

SCENE VII.

LES TROIS PARQUES, IO, LA FURIE,
SUITE DES PARQUES.

LES TROIS PARQUES.

Le fil de la vie
De tous les Humains,
Suivant notre envie,
Tourne dans nos mains.

IO.

Trenchez mon triste sort d'un coup qui me délivre
Des tourmens que Junon me contraint à souffrir ;
Chacun vous fait des vœux pour vivre,
Et je vous en fais pour mourir.

LA FURIE.

Jupiter l'a soumise aux loix de son Epouse ;
Elle a rendu Junon jalouse ;
L'amour d'un Dieu puissant a trop sçu la charmer,
Elle est trop peu punie encore.

IO.

Est-ce un si grand crime d'aimer,
Ce que tout l'Univers adore ?

LES PARQUES.

Nymphe appaise Junon, si tu veux voir la fin
De ton sort déplorable ;
C'est l'Arrêt du destin,
Il est irrevocable.

IO.
Helas! comment fléchir une haine implacable?

LES PARQUES, LA FURIE, *le Chœur de la suite des Parques.*

C'est l'Arrêt du destin,
Il est irrevocable.

Fin du quatrième Acte.

ACTE V.

Le Theatre change, & represente les Rivages du Nil, & l'une des Embouchûres par où ce Fleuve entre dans la Mer.

SCENE PREMIERE.

IO, LA FURIE.

IO *sortant de la Mer, d'où elle est tirée par la Furie.*

TErminez mes tourmens puissant Maître du Monde;
Sans vous, sans votre amour, helas!
Je ne souffrirois pas.
Reduite au desespoir, mourante, vagabonde,
J'ai porté mon supplice en mille affreux Climats;
Une horrible Furie attachée à mes pas,

M'a suivie au travers du vaste sein de l'Onde.
Terminez mes tourmens puissant Maître du Monde,
    Voiez de quels maux ici-bas,
Votre Epouse punit mes malheureux appas ;
Délivrez-moi de ma douleur profonde,
Ouvrez-moi par pitié les portes du trépas.
Terminez mes tourmens, puissant Maître du Monde,
    Sans vous, sans votre amour, helas !
    Je ne souffrirois pas.
C'est Jupiter qui m'aime ! eh ! qui le pouroit croire ?
    Je ne suis plus dans sa memoire.
Il n'entend pas mes cris, il ne voit pas mes pleurs,
Aprés m'avoir livrée aux plus cruels malheurs,
    Il est tranquile au comble de la Gloire,
    Il m'abandonne au milieu des douleurs.
A la fin, je succombe, heureuse, si je meurs !

  IO tombe accablée de ses tourmens, & Jupiter touché de pitié descend du Ciel.

SCENE II.

JUPITER, IO, & LA FURIE.

JUPITER.

IL ne m'eſt pas permis de finir votre peine,
Et ma puiſſance ſouveraine,
Doit ſuivre du deſtin l'irrevocable loi :
C'eſt tout ce que je puis par un amour extrême,
Que de quitter le Ciel & ma gloire ſuprême
Pour prendre part aux maux que vous ſouffrez pour
   moi.

IO.

Ah ! mon ſupplice augmente encore !
Tout le feu des Enfers me brûle, & me dévore ;
Mourrai-je tant de fois ſans voir finir mon ſort ?

JUPITER.

Ma tendreſſe pour vous rend Junon inflexible.
Elle voit mon amour, il lui paroît trop fort,
Son couroux ſe redouble, & devient invincible.

IO.

N'importe, en ma faveur, ſoiez toujours ſenſible.

JUPITER.

C'eſt trop vous expoſer à ſon jaloux tranſport.
J'irrite en vous aimant ſa vengeance terrible.

IO.

Aimés-moi, s'il vous eſt poſſible,
Aſſez pour la forcer à me donner la mort.

Junon deſcend ſur la Terre.

SCENE II.

JUPITER, JUNON, IO, LA FURIE.

JUPITER.

Venez Déesse impitoiable,
Venés, voiés, reconnoissez
Cette Nymphe mourante autrefois trop aimable.
C'est assez la punir, c'est vous venger assés,
L'éclat de sa beauté ne la rend plus coupable;
Par la cruelle horreur du tourment qui l'accable,
Son crime & ses appas sont ensemble effacez.
Sans jalousie, & sans allarmes,
Voiez ses yeux noiez de larmes
Que l'ombre de la mort commence de couvrir.

JUNON.

Ils n'ont encor que trop de charmes
Puis qu'ils savent vous attendrir.

JUPITER.

Une juste pitié peut-elle vous aigrir ?
Votre couroux fatal ne doit-il point s'éteindre.

JUNON.

Ah! vous la p!aignés trop, elle n'est pas à plaindre,
Non, elle ne peut trop souffrir.

JUPITER.

Je sai que c'est de vous que son sort doit dépendre.
Ce n'est qu'à vos bontez qu'elle doit recourir.
Il n'est rien que de moi vous ne deviés attendre,
Si je puis obliger votre haine à se rendre,

TRAGEDIE.

IO.
Ah ! laissés-moi mourir.

JUPITER.
Prenés soin de la secourir.

JUNON.
Vous l'aimez d'un amour trop tendre,
Non, elle ne peut trop souffrir.

JUPITER.
Quoi le cœur de Junon, quelque grand qu'il puisse être,
Ne sauroit triompher d'une injuste fureur ?

JUNON.
De la Terre & du Ciel Jupiter est le Maître,
Et Jupiter n'est pas le Maître de son cœur ?

JUPITER.
Hé bien, il faut que je commence
A me vaincre en ce jour.

JUNON.
Vous m'apprendrez à me vaincre à mon tour.

JUPITER & JUNON *ensemble*.

Jupiter. { J'abandonnerai ma vengeance,
             Rendés-moi votre amour ;
Junon.   { Abandonnez votre vengeance
             Je vous rends mon amour.

JUPITER.
Noires Ondes du Stix, c'est par vous que je jure,
Fleuve affreux, écoutés le serment que je fais.
Si cette Nymphe, enfin, reprend tous ses attraits,
Si Junon fait cesser les tourmens qu'elle endure,
Je jure que ses yeux ne troubleront jamais
De nos cœurs réunis la bienheureuse paix.
Noires Ondes du Stix, c'est par vous que je jure,

Fleuve affreux, écoutez le serment que je fais.

JUNON.

Nymphe, je veux finir votre peine cruelle,
Que la Furie emporte aux Enfers avec elle
Le trouble & les horreurs dont vos sens sont saisis.

La Furie s'enfonce dans les Enfers, & Io se trouve délivrée de ses peines.

Aprés un rigoureux supplice,
Goûtez les biens parfaits que les Dieux ont choisis;
Et sous le nouveau nom d'Isis,
Joüissez d'un bonheur qui jamais ne finisse.

JUPITER & JUNON.

Dieux, recevez Isis au rang des Immortels.
Peuples voisins du Nil, dressés-lui des Autels.

Les Divinitez du Ciel descendent pour recevoir Isis, les Peuples d'Egypte lui dressent un Autel, & la reconnoissent pour la Divinité qui les doit proteger.

Divinitez qui descendent du Ciel dans la Gloire. Peuples d'Egypte chantans. Quatre Egyptiennes chantantes. Peuples d'Egypte dançans. Quatre Egyptiennes dançantes.

Chœur des Divinitez.

Venez, Divinité nouvelle.

Chœur des Peuples d'Egypte.

Isis, tournez sur nous vos yeux,
Voiez l'ardeur de notre zele.

Chœur des Divinitez

La Celeste Cour vous appelle.

Chœur des Peuples d'Egypte.

Tout vous revere dans ces lieux.

Jupiter & Junon prennent place au milieu des Divinitez, & y font placer Isis.

TRAGEDIE.

JUPITER, & JUNON.

Isis est immortelle,
Isis va briller dans les Cieux.
Isis joüit avec les Dieux,
D'une Gloire éternelle.

Jupiter & Junon, & les Divinitez remontent au Ciel, & y conduisent Isis dans le temps que les Chœurs des Divinitez, & des Peuples d'Egypte repetent ces quatre derniers vers.

Fin du premier Tome.

www.ingramcontent.com/pod-product-compliance
Lightning Source LLC
Chambersburg PA
CBHW071914230426
43671CB00010B/1609